MW01007639

Una antología de poesía brasileña

Elizabeth Bishop
Una antología de poesía brasileña

Traducción de Margarito Cuéllar y Ángel Alonso

Vaso Roto / Ediciones

Primera edición: Octubre 2009

Título original: *An Anthology of Twentieth Century Brazilian Poetry*

© 1972 Wesleyan University
© Traducción: Margarito Cuéllar para los poemas (revisión de Ángel Alonso y M.L-V.), Ángel Alonso para el prólogo

© 2009 Vaso Roto Ediciones
Barcelona – México
Gruta Azul 147 Col. Valle de San Ángel
San Pedro Garza García, N.L. 66290
vasoroto@vasoroto.com

Diseño de colección: Josep Bagà
Dibujo de portada: Víctor Ramírez
Al cuidado de la edición: Jeannette L. Clariond y Martín López-Vega

Impreso en Barcelona
Imprenta: Gràfiques Pacífic
ISBN: 978-84-936423-9-6
Dep. Legal: B-36866-2009

A la memoria de Manuel Bandeira

Introducción

Poetas y poesía gozan de una alta consideración en Brasil. Entre hombres, el apelativo de "poeta" es usado a menudo como cumplido o apelativo cariñoso, incluso para referirse a los que se dedican a los negocios o la política, y no exclusivamente a quienes lo son de verdad. Uno de los poetas brasileños más famosos del siglo XX, Manuel Bandeira, recibió como regalo una plaza de parking delante del edificio donde tenía su apartamento en Rio de Janeiro con una placa esmaltada que decía POETA, aunque nunca tuvo coche ni sabía conducir. Cuando ya era bastante anciano, Bandeira dio clases durante algunos años en la Universidad de Brasil, donde se jubiló mucho antes de que hubiese enseñado el número de años necesario para conseguir la pensión. No obstante, la Cámara de los Diputados votó con una ovación unánime concederle una pensión completa.

Casi cualquiera (cualquier hombre, para ser precisos, pues hasta hace muy poco la poesía ha sido un arte exclusivamente masculino en Brasil) con intereses literarios ha acabado por publicar un libro de poemas, "cualquiera": incluidos doctores, abogados, ingenieros y cultivadores de cualquiera de las otras artes. Jorge de Lima era un pintor y conocido doctor de Rio, además de poeta. Cândido Portinari, el pintor más famoso fuera de Brasil, escribió poemas autobiográficos y publicó un libro con ellos poco antes de morir. Los hechos y dichos de populares poetas como Carlos Drummond de Andrade y Vinicius de Moraes aparecen constante y cariñosamente en los periódicos. En los Estados Unidos sólo Pound o Ginsberg reciben tales atenciones de la prensa, aunque por motivos diferentes y de diferente manera. A los poetas que producen obras después de largos intervalos de silencio se les denomina "Poetas de Años Bisiestos", *Bissextos*; Bandeira editó una antología de poetas bisiestos contemporáneos, mostrando así cómo, aunque su producción pueda ser pequeña, son estimados y no olvidados.

Esto no significa, desde luego, que la poesía de muchos de esos pequeños trabajos sea necesariamente importante o tan siquiera buena, o que la poesía sea siempre bien recibida por los editores o que se venda mejor en Brasil que en los Estados Unidos. Las ediciones son muy pequeñas, de trescientas copias, frecuentemente; los libros se imprimen en rústica, al igual que en Francia, y con un coste igual de pequeño comparativamente; y el poeta recibe muy pocos ejemplares. Esto puede hacer creer al visitante americano que la gente culta con la que se encuentra en Brasil lee más poesía y *conoce* más poesía (a menudo de memoria) que sus compatriotas con el mismo tipo de vida. Pero debe recordarse que la elite educada es todavía una clase muy reducida y que habita casi en su totalidad en las cinco o seis de las más extensas ciudades del litoral, y que en un país con un analfabetismo general (cuarenta por ciento es la cifra que normalmente se da), los potenciales lectores y compradores son limitados. En parte por culpa de las deficientes comunicaciones, los grupos literarios de esas extensas ciudades están más aislados unos de otros que en los Estados Unidos, donde tanto se ha debatido sobre el "aislamiento del artista". Es más, los poetas brasileños lo pasan peor buscándose la vida que los poetas de los Estados Unidos. Hay pocas revistas en las que publicar artículos y reseñas, y las que hay no pagan casi nada. Las becas, los premios, los recitales y los puestos académicos de "poeta residente", que ayudan a las trayectorias poéticas en Norteamérica, son casi inexistentes aquí.

Los poetas trabajan en ocupaciones civiles: Carlos Drummond de Andrade, considerado el mayor poeta brasileño vivo, había trabajado para el Ministerio de Educación durante más de treinta años cuando se retiró en 1966. Unas pocas clases, y muchos emigran al periodismo, a veces escribiendo columnas para los periódicos o revistas ilustradas. Desde que se retiró, Drummond de Andrade ha elaborado una columna regular comentando noticias y trivialidades en un influyente periódico de Rio; ocasionalmente se sirve de ella para publicar un nuevo poema. Pero aunque sea así como se gana la vida, es respetado como poeta, por su trabajo, sus opiniones, y por su unión de lo más mundano y lo más elevado, en la extensa tradición latina de poetas designados para puestos diplomáticos, incluso como embajadores. Como Claudel y Saint-John Perse en Francia, Gabriela Mistral y Neruda en Chile, Vinícius de Moraes y João Cabral de Melo Neto, entre otros, en Brasil, han ostentado puestos diplomáticos. Vinícius de Moraes (comúnmente conocido simplemente como "Vinícius"), famoso por su guión de *Orfeo Negro* y más recientemente por sus populares canciones y actuaciones en clubs nocturnos, produce espectáculos musicales en Brasil y otros países, y realiza grabaciones en Europa: medios todos ellos para incrementar sus ingresos.

Esta antología, consistente en una selección del trabajo de catorce poetas de la generación moderna y de la generación de posguerra de 1945, es un modesto intento de presentar a los lectores estadounidenses ejemplos de la poesía escrita en Brasil durante este siglo. Inevitablemente, es más representativa de los gustos personales de sus editores que de la totalidad. Con una población de noventa millones de habitantes, Brasil es con mucho el mayor país de habla portuguesa en el mundo, pero el portugués es una lengua relativamente desconocida en los Estados Unidos. Es comprensiblemente difícil encontrar buenos poetas americanos que quieran acometer las traducciones, muchas de las cuales necesariamente han de realizarse a partir de la traducción literal en prosa de los poemas brasileños. Los editores consideran que los traductores han hecho extremadamente bien su trabajo, ateniéndose rigurosamente a los textos y arreglándoselas, no obstante, para producir "poemas" que preserven muchas de las características de los originales.

Gramaticalmente, el portugués es una lengua difícil. Los brasileños cultos se preocupan en escribirlo correctamente, y hasta suelen pedir a sus amigos que revisen sus manuscritos en busca de errores gramaticales. Los brasileños no hablan igual que escriben; la lengua escrita es más formal y un tanto enrevesada. De hecho, el portugués es tan viejo como el español, y todavía conserva en sus estructuras formas latinas documentadas desde la República Romana. La tendencia en este siglo ha sido alejarse del viejo, correcto estilo escrito, tanto en prosa como en poesía, y escribir en portugués demótico. Pero tal cambio no se ha llegado a realizar en su totalidad, y el portugués todavía raramente es escrito tal y como se habla. Algunos novelistas se aproximan, en pasajes de conversación, y algunos columnistas y los más jóvenes poetas usan argot, *gíria*, casi ininteligible y constantemente en cambio. Uno de los objetivos de la famosa "Semana de Arte Moderna" de São Paulo en 1922 era abandonar el lenguaje literario muerto del siglo XIX y escribir poesía usando el registro hablado. Mucha poesía de los veinte lo intentó, sirviéndose del argot, abreviaturas, elipsis y apóstrofes para indicar letras o sílabas eliminadas en una habitual pronunciación rápida. Cosas muy parecidas habían sucedido en la poesía inglesa aproximadamente un siglo antes. Quizás es un fenómeno recurrente, deseo o ideal en la literatura moderna. Este estilo más tarde decayó en poesía con "la generación del 45", y la poesía de los años 40, 50 y 60, visualmente al menos, es más convencional que aquel primer, temprano intento de modernismo.

Como otras lenguas latinas, el portugués tiene un elevado número de rimas perfectas y frecuentes, inevitables asonancias. La facilidad en la rima en esas lenguas ha sido envidiada, y otras veces vista con suspicacia, por poetas que escriben en el más inflexible inglés. Pero la fácil rima y la inevitable asonancia pueden convertirse en estorbos, obstáculos a la originalidad. Con el tiempo construcciones o rimas familiares se vuelven pesadas, y el verso libre puede llegar a ser un gran alivio. Casi todos los poemas de este volumen están escritos en verso libre o en verso métrico sin rima, pero puesto que la asonancia es innata, muchos poetas contemporáneos la usan de manera deliberada para conseguir efectos próximos a la rima, siguiendo pautas accidentales o regulares. La poesía brasileña, incluso en verso libre, raras veces puede evitar la melodía, hasta cuando el sentido podría parecer intentar precisamente eso.

Las normas de versificación del verso tradicional portugués son como las del francés: sílabas cortas y largas determinan el número de pies en la línea, no el acento, como en inglés; y no están permitidas irregularidades en la medida. Cuando los poetas brasileños contemporáneos escriben en formas tradicionales (como hace Vinícius de Moraes en muchos de sus *Sonetos*), obedecen esas normas de versificación. La puntuación en la moderna poesía brasileña es a menudo un quebradero de cabeza. Aparentemente, los poetas están influidos (tal vez sea simple copia) por el uso francés: ninguna puntuación en absoluto excepto un punto al final del poema; conjuntos de guiones donde la poesía inglesa suele usar comas o punto y comas; guiones en lugar de comillas, etcétera. De hecho, cualquier lectura en portugués de Brasil, ya se trate de prosa o verso, pronto se convierte en conciencia de su impertérrita contradicción tanto en la puntuación como en la ortografía; puntos de estilo que se han fijado en inglés, permanecen todavía maleables en Brasil. En eso se parece a nuestra propia lengua en sus inicios más libres. En estas traducciones, la puntuación original ha sido respetada cuando ha sido posible, y sólo ha sido alterada cuando por ella, o por su ausencia, pudiera inducirse a error a un lector de lengua inglesa.

La poesía brasileña no puede considerarse verdaderamente brasileña, o sea, independiente de la de Portugal, hasta después de la Proclamación de Independencia en 1822. Su evolución es más o menos previsible, desarrollada en paralelo con los movimientos de Europa Occidental, especialmente Francia, con un intervalo de diez, veinte o más años. Como ocurre con la literatura norteamericana, este intervalo se ha ido reduciendo a lo largo de los años, volviéndose cada vez más corto, hasta el presente, en el que la poesía brasileña a veces parece en realidad más avanzada que la de los países de los que en origen procede. Como en la poesía norteamericana, hay excepciones, aparentes regresiones en el movimiento modernista, pero casualmente no aparece ninguna en el periodo abarcado por este volumen. No hay espacio en esta sucinta introducción para ofrecer una historia de la poesía brasileña durante los últimos ciento cincuenta años. Ofreceremos únicamente sus momentos culminantes, nombrando a algunos destacados poetas y sus libros, y esbozaremos brevemente los movimientos que han preparado el legado de los catorce poetas seleccionados.

El siglo xix fue, como en otros lugares, el siglo romántico, y se considera que el Romanticismo Brasileño comienza con la publicación de un libro de poemas de Gonçalves Magalhães (1811-1882), titulado, de una manera evidentemente romántica, *Suspiros poéticos e saudades*. Los cuatro poetas románticos más destacados, sin embargo, son: Gonçalves Dias (1823-1864); Álvares de Azevedo (1831-1852); Casimiro de Abreu (1837-1860), y Castro Alves (1847-1871). Los cuatro tocaron temas genuinamente brasileños, Gonçalves Dias[1] romantizando al Indio Brasileño por primera vez, y Castro Alves, en su melodramático poema "O Navio Negreiro", es el primer poeta que protestó contra los horrores de la trata de esclavos. Ellos y otros poetas del movimiento estaban muy influidos, vía Francia y Portugal, por el romanticismo inglés. La *saudade*, la característica añoranza o nostalgia brasileña, una amarga nostalgia, aparece obsesivamente en sus poemas, quizás porque muchos de esos jóvenes

---

1   Quizás Gonçalves Dias sea en parte responsable del despertar del interés por el Indio Brasileño, el "noble salvaje", a mediados del siglo xix. Casi todos los barones designados por Don Pedro II, el último emperador, tomaron un nombre indio y nombres indios siguen usándose todavía habitualmente. Existe incluso una ópera, *Guarany*, de Carlos Gomes, que evidencia la pervivencia de esta continuada moda de todo lo indio. "O Navio Negreiro", habiendo sido considerado mal arte por los más sofisticados durante décadas, ha sido, al fin, recuperado, retomado en parte por los nuevos sentimientos humanitarios y antirracistas, y en parte por un brillante grupo de recitadores poéticos, los Juglares de São Paulo, quienes lo han incluido en su repertorio con gran éxito.

poetas, "de buena familia", habían realizado un largo viaje oceánico para estudiar en la Universidad de Coimbra, en Portugal, pues Brasil no tuvo universidades hasta finales del siglo xix. Varios murieron muy jóvenes, como ocurrió con Keats y Shelley, con frecuencia de tuberculosis. Gonçalves Dias murió ahogado en un naufragio frente a sus costas nativas, cuando volvía de Portugal.

El periodo romántico dio paso al periodo del realismo, llamado movimiento Parnasiano (desde aproximadamente 1870 a 1890) y éste a un breve periodo de Simbolismo (1890-1900). Los llamados "realistas" estuvieron fuertemente influidos por la escuela parnasiana francesa de Gauthier, Banville, Leconte de Lisle y Heredia. El más famoso poeta de esta escuela fue Olavo Bilac (1865-1918), tres de cuyos libros son *Poesias* (1888), *Poesias Infantis* (1904) y *Tarde* (1919). El movimiento simbolista produjo una figura importante, el poeta negro Cruz e Sousa (1861-1918). La poesía romántica alemana e inglesa eran conocidas por los brasileños, pero la literatura y la filosofía francesa eran, y continuaron siendo hasta fechas muy recientes, las más fuertes influencias en la literatura y el pensamiento de Brasil. Quizás todavía sean de primordial importancia, pero la prosa y la poesía inglesa y, cada vez más, la estadounidense están volviéndose ahora mucho más conocidas. El inglés está convirtiéndose ahora en la lengua extranjera más importante, más "de moda".

Desde el cambio de siglo hasta 1922, la poesía brasileña pasó por un periodo de eclecticismo, sin ningún estilo dominante, reflejando en general el intenso nacionalismo predominante en aquel entonces. En 1912 Oswald de Andrade, más tarde considerado el más radical poeta del movimiento de 1922, volvió de Europa con una copia del *Manifesto Futurista* de Marinetti. Por esas fechas había causado sensación por la publicación de un poema sin rima o medida, titulado "El último viaje de un tuberculoso en tranvía a través de la ciudad". El tema y el tono de la poesía estaban cambiando, y en 1917, cuando Manuel Bandeira publicó su primer libro, *A cinza das horas*, el crítico Jõao Ribeiro anunció que Olavo Bilac, admirado desde hacía tiempo, estaba "ahora desfasado."

El año 1922 estuvo marcado por el centenario de la independencia brasileña. Un grupo de escritores y artistas, muchos de los cuales habían vivido en Europa, decidió celebrarlo participando en un festival en el cual podrían presentar a sus anquilosados compatriotas las teorías vanguardistas que habían adoptado con entusiasmo en París e Italia. "La Semana de Arte Moderno" tuvo lugar en el Teatro Municipal de São Paulo los días 13, 15 y 17 de Febrero. Se convirtió para la cultura Brasileña en un hito tan importante como lo fue el New York Armony Show de 1913 para la cultura de los Estados Unidos.

La noche del día 15 fue la más dramática de las tres. El poeta Menotti del Picchia pronunció un discurso que presentaba los propósitos de los nuevos movimientos artísticos, resumidos en estas palabras: "Queremos luz, aire, ventiladores, aeroplanos, reivindicaciones obreras, idealismos, motores, chimeneas de fábricas, sangre, velocidad, sueño, en nuestro Arte. Y que el traqueteo de un automóvil, encarrilado sobre dos versos, espante de la poesía al último dios homérico, que se quedó anacrónicamente durmiendo y soñando, en la era de las *jazz-band* y del cine." Poetas y prosistas leyeron entonces pasajes de sus trabajos. La audiencia lo consideró una ofensa, reaccionando con un alboroto de abucheos, silbidos y gritos insultantes. Mário de Andrade leyó fragmentos de su libro *Paulicéia desvairada* y más tarde confesó, en un largo ensayo en el que hacía balance de la Semana de Arte Moderno, que no sabía cómo había tenido el coraje de hacer frente a tal audiencia.

Mário de Andrade (1893-1945), un mulato de São Paulo, fue una de las más importantes figuras en el arte y la literatura brasileñas contemporáneas. Crítico, poeta y novelista, fue además uno de los primeros intelectuales en descubrir y considerarse seriamente interesado en los grandiosos recursos sin explotar del folklore y la música popular brasileños. Es difícil pensar en cualquier forma de actividad artística contemporánea en Brasil que no le deba algo. En el año del vigésimo quinto aniversario de su muerte, 1970, muchos periódicos y revistas publicaron estudios críticos, ensayos biográficos y tributos a su persona, y se escribieron cariñosas memorias sobre él como profesor y amigo. La vitalidad de su personalidad y el extenso abanico de sus intereses han sido de suma importancia a la hora de ayudar a crear una autoconciencia artística más rica en Brasil.

El movimiento poético Modernista repudiaba las influencias francesa y portuguesa, y, como en otros países, rechazaba las ideas de románticos, parnasianos y simbolistas. Eran partidarios del uso de materiales del día a día, e intentaron ser completamente honestos, trayendo al poema por primera vez la angustia y los conflictos de ese periodo. El grupo modernista incluía en sus comienzos, además de otros poetas, a Manuel Bandeira, Mário de Andrade y Oswald de Andrade. Estaban también los pintores Anita Malfatti y Di Cavalcanti; el escultor Victor Brecheret, y el compositor Villa-Lobos. Sólo Villa-Lobos es famoso fuera de Brasil, pero todos los demás tomaron parte en la transición artística de las anticuadas formas del siglo xix a las del presente.

En 1924, en París, Oswald de Andrade publicó un importante libro de poemas titulado *Pau – Brasil*. Con extrema economía de medios, en un lenguaje sencillo, trató de temas, costumbres, supersticiones y vida familiar brasileños directamente y, por primera vez en la poesía vernácula, con humor. Esas cualidades han marcado la poesía brasileña desde entonces, y representan el auténtico triunfo de la Semana de Arte Moderno y el modernismo. Hemos de tributar también unas palabras al poeta francés Blaise Cendrars, quien vivió en Brasil durante varios años. Su estilo libre, su imaginario brillante y renovador, el tratamiento irónico del mundo moderno influyeron enormemente en los poetas del movimiento modernista.

Hemos mencionado ya a Manuel Bandeira, Mário de Andrade y Carlos Drummond de Andrade; otros poetas del movimiento modernista han sido incluidos en esta antología. Carlos Drummond de Andrade está considerado como el más importante (y probablemente el más popular) poeta del periodo contemporáneo. Vinícius de Moraes es también muy popular, especialmente entre la generación más joven, que aunque a menudo desconoce sus primeros y más serios trabajos, lo idolatran por sus canciones de "Bossa Nova" (un estilo considerado hoy *demodé*), y por regalarnos sus constantes desahogos en canciones y melodías románticas y tiernas, casi invariablemente sobre amor.

La fecha más reciente a la hora de considerar un cambio en los estilos poéticos en Brasil es 1945, el año del lanzamiento de la primera bomba atómica (sobre tal asunto todos los poetas brasileños parecen haber escrito al menos un poema) y del final de la Segunda Guerra Mundial. El propio Brasil estaba saliendo de una dictadura que se había prolongado durante quince años y pasaba por una fase de redemocratización. Es el año de la muerte de Mário de Andrade, y una nueva generación de poetas aparece en escena, los Neo-Modernistas, o la generación del 45. Ya en 1929 el escritor Luis Martins escribía: "El Modernismo sufrió la desmoralizadora influencia de sus partidarios. Así como en el Parnasianismo todo el mundo escribía sonetos, durante el Modernismo todo el mundo comenzó a escribir sinsentidos en verso libre." La generación del 45 se opuso al uso exagerado del verso libre, que había dominado la poesía durante más de veinte años, y querían más concisión y menos sentimentalismo (siempre un peligro en el verso brasileño), además de un uso más exacto de las palabras.

João Cabral de Melo Neto, nacido en 1920, llegó a la mayoría de edad en esta generación; hoy es considerado una de las más importantes voces poéticas en América Latina. Su primer libro, *Pedra do Sono*, (1942) mostraba las características de su estilo de madurez: una imaginería visual impactante y un insistente uso de sustantivos concretos, táctiles. Es "difícil", pero en este momento su trabajo muestra el más alto desarrollo y la mayor coherencia de estilo de entre todos los poetas brasileños.

Los más jóvenes poetas, muchos, diversos y talentosos, incluidos los Concretistas y otros cuyos trabajos toman la forma de canciones líricas (y Brasil ha producido en los últimos años algunas de las más populares canciones jamás escritas) no están en esta antología. Los editores esperan presentarlos en un segundo volumen, con vistas a ofrecer a los lectores americanos una más completa panorámica de la variedad, profundidad y originalidad de la poesía brasileña de hoy.

ELIZABETH BISHOP y EMANUEL BRASIL

MANUEL BANDEIRA

O último poema

Assim eu quereria o meu último poema

Que fôsse terno dizendo as coisas mais simples e menos intencionais
Que fôsse ardente como um soluço sem lágrimas
Que tivesse a beleza das flôres quase sem perfume
A pureza da chama em que se consomem os diamantes mais límpidos
A paixão dos suicidas que se matam sem explicação.

El último poema

Así querría mi último poema

Que fuese tierno al decir las cosas más simples y menos intencionadas
Que fuese ardiente como un sollozo sin lágrimas
Que tuviese la belleza de las flores casi sin perfume
La pureza de la llama en que se consumen los diamantes más límpidos
La pasión de los suicidas que se matan sin explicación.

Antologia

A Vida
Não vale a pena e a dor de ser vivida.
Os corpos se entendem, mas as almas não.
A única coisa a fazer é tocar um tango argentino.
Vou-me embora pra Pasárgada!
Aqui eu não sou feliz.
Quero esquecer tudo:
— A dor de ser homem...
Êste anseio infinito e vão
De possuir o que me possui.

Quero descansar
Humildemente pensando na vida e nas mulheres que amei...
Na vida inteira que podia ter sido e que não foi.

Quero descansar.
Morrer.
Morrer de corpo e de alma.
Completamente.
(Tôdas as manhãs o aeroporto em frente me dá lições de partir.)

Quando a Indesejada das gentes chegar
Encontrará lavrado o campo, a casa limpa,
A mesa posta,
Com cada coisa em seu lugar.

Êste poema é um centão. A palavra centão nada tem a ver com "cento" e vem do latim "cento, centonis", que significa colcha de retalhos... Tive a ideia de construir um poema só com versos ou pedaços de versos meus mais conhecidos ou mais marcados da minha sensibilidade, e que ao mesmo tempo pudesse funcionar como poema para uma pessoa que nada conhecesse da minha poesia. (De uma carta de Manuel Bandeira a Odylo Costa Filho)

Antología

La vida
No vale la pena ni el dolor de ser vivida.
Los cuerpos se entienden, pero las almas no.
Lo único que se puede hacer es tocar un tango argentino.
¡Me marcho a Pasárgada!
Aquí no soy feliz.
Quiero olvidarlo todo:
— El dolor de ser hombre…
Esta angustia infinita y vana
De poseer lo que me posee.

Quiero descansar
Pensando humildemente en la vida y en las mujeres que amé…
En la vida entera que pudo haber sido y no fue.

Quiero descansar.
Morir.
Morir en cuerpo y alma.
Completamente.
(Cada mañana el aeropuerto ahí enfrente me enseña cómo partir).

Cuando llegue la Indeseada por todos
Encontrará cultivado el campo, la casa limpia,
La mesa puesta,
Cada cosa en su lugar.

Este poema es un centón. La palabra "centón" nada tiene que ver con "ciento" y viene del latín "cento, centonis", que significa "manta de retazos…" Tuve la idea de construir un poema sólo con versos o pedazos de mis versos más conocidos o más representativos de mi sensibilidad, y que al mismo tiempo pudiese funcionar como poema para personas que no conociesen nada de mi poesía. (De una carta de Manuel Bandeira a Odylo Costa Filho)

Rondó dos cavalinhos

Os cavalinhos correndo,
E nós, cavalões, comendo...
Tua beleza, Esmeralda,
Acabou me enlouquecendo.

Os cavalinhos correndo,
E nós, cavalões, comendo...
O sol tão claro lá fora,
E em minhalma — anoitecendo!

Os cavalinhos correndo,
E nós, cavalões, comendo...
Alfonso Reyes partindo,
E tanta gente ficando...

Os cavalinhos correndo,
E nós, cavalões, comendo...
A Itália falando grosso,
A Europa se avacalhando...

Os cavalinhos correndo,
E nós, cavalões, comendo...
O Brasil politicando,
Nossa! A poesia morrendo...
O sol tão claro lá fora,
O sol tão claro, Esmeralda,
E em minhalma — anoitecendo!

Rondó de los caballitos

Los caballitos corriendo,
Y nosotros, zánganos, comiendo…
Tu belleza, Esmeralda,
Me acabó enloqueciendo.

Los caballitos corriendo,
Y nosotros, zánganos, comiendo…
El sol tan claro allá afuera,
Y en mi alma — ¡anocheciendo!

Los caballitos corriendo,
Y nosotros, zánganos, comiendo…
Alfonso Reyes partiendo,
Y tanta gente quedándose…

Los caballitos corriendo,
Y nosotros, zánganos, comiendo…
Italia hablando fuerte,
Europa desmoralizándose…

Los caballitos corriendo,
Y nosotros, zánganos, comiendo…
Brasil politiqueando,
¡Nuestra Señora! La poesía muriendo…
El sol tan claro allá afuera,
El sol tan claro, Esmeralda,
Y en mi alma — ¡anocheciendo!

Tragédia brasileira

Misael, funcionário da Fazenda, com 63 anos de idade,

Conheceu Maria Elvira na Lapa, — prostituída, com sífilis, dermite nos dedos, uma aliança empenhada e os dentes em petição de miséria.

Misael tirou Maria Elvira da vida, instalou-a num sobrado no Estácio, pagou médico, dentista, manicura... Dava tudo quanto ela queria.

Quando Maria Elvira se apanhou de bôca bonita, arranjou logo um namorado.

Misael não queria escândalo. Podia dar uma surra, um tiro, uma facada. Não fêz nada disso: mudou de casa.

Viveram três anos assim.

Tôda vez que Maria Elvira arranjava namorado, Misael mudava de casa.

Os amantes moraram no Estácio, Rocha, Catete, Rua General Pedra, Olaria, Ramos, Bonsucesso, Vila Isabel, Rua Marquês de Sapucaí, Niterói, Encantado, Rua Clapp, outra vez no Estácio, Todos os Santos, Catumbi, Lavradio, Bôca do Mato, Inválidos...

Por fim na Rua da Constituição, onde Misael, privado de sentidos e de inteligência, matou-a com seis tiros, e a polícia foi encontrá-la caída em decúbito dorsal, vestida de organdi azul.

Tragedia brasileña

Misael, funcionario de Hacienda, con 63 años de edad,

Conoció a María Elvira en la Lapa, —prostituta, con sífilis, con sarna en los dedos, un anillo empeñado y los dientes en la última fase del deterioro.

Misael sacó a María Elvira de la calle, la instaló en un piso en Estácio, le pagó médico, dentista, manicura… Le dio todo lo que quería.

Cuando María Elvira sintió que tenía una boca bonita no tardó en buscarse un amante.

Misael no quería montar un escándalo. Pudo haberla golpeado, pegarle un tiro, darle una cuchillada. No hizo nada de eso: simplemente se mudaron de casa.

Así vivieron tres años.

Cada vez que María Elvira tenía un nuevo pretendiente, Misael decidía mudarse.

Los amantes vivieron en Estácio, Rocha, Catete, Rua General Pedra, Olaria, Ramos, Bonsucesso, Vila Isabel, Rua Marquês de Sapucaí, Niterói, Encantado, Rua Clapp, otra vez en Estácio, Todos los Santos, Catumbi, Lavradio, Bôca do Mato, Inválidos…

Y finalmente en la Rua Constituição, donde Misael, privado de sentidos y razón, la mató de seis tiros, y la policía la encontró tirada en decúbito dorsal, vestida de organdí azul.

Oswald de Andrade

Biblioteca Nacional

A Criança Abandonada
O doutor Coppelius
Vamos com Êle
Senhorita Primavera
Código Civil Brasileiro
A arte de ganhar no bicho
O Orador Popular
O Pólo em Chamas

Biblioteca Nacional

El Niño Abandonado
El doctor Coppelius
Vamos con Él
Señorita Primavera
Código Civil Brasileño
El arte de ganar la lotería
El Orador Popular
El Polo en Llamas

Reclame

Fala a graciosa atriz
Margarida Perna Grossa

Linda côr — que admirável loção
Considero lindacor o complemento
Da toalete feminina da mulher
Pelo seu perfume agradável
E como tônico do cabelo garçone
Se entendam tôdas com Seu Fagundes
Único depositório
Nos E. U. do Brasil

Anuncio

Habla la graciosa actriz
Margarita Piernas Gordas

Lindo tinte — qué espléndida loción
Debe de ser Lindotinte el complemento
Que se ha puesto la mujer
Por su agradable perfume
Y como tónico para el cabello a lo *garçon*
Diríjanse todos al Sr. Fagundes
Distribuidor único
En los Estados Unidos del Brasil

Procissão do entêrro

A Verônica estende os braços
E canta
O pálio parou
Todos escutam
A voz na noite
Cheia de ladeiras acesas

Procesión fúnebre

Verónica extiende los brazos
Y canta
El palio se detiene
Todos escuchan
La voz en la noche
Llena de laderas encendidas

Epitáfio

Eu sou redondo, redondo
Redondo, redondo eu sei
Eu sou uma redond'ilha
Das mulheres que beijei

Por falecer do oh! amor
Das mulheres de minh'ilha
Minha caveira rirá ah! ah! ah!
Pensando na redondilha

Epitafio

Soy redondo, redondo
Redondo, redondo ya lo sé
Soy una redondisla
De las mujeres que besé

Por fallecer del ¡oh! amor
De las mujeres de mi isla
Mi calavera reirá ¡ja! ¡ja! ¡ja!
Pensando en la redondilla

JORGE DE LIMA

A mão enorme

Dentro da noite, da tempestade,
a nau misteriosa lá vai.
O tempo passa, a maré cresce.
O vento uiva.
A nau misteriosa lá vai.
Acima dela
que mão é essa maior que o mar?
Mão de pilôto?
Mão de quem é?
A nau mergulha,
o mar é escuro,
o tempo passa.
Acima da nau
a mão enorme
sangrando está.
A nau lá vai.
O mar transborda,
as terras somem,
caem estrêlas.
A nau lá vai.
Acima dela
a mão eterna
lá está.

La mano enorme

Dentro de la noche, en la tempestad,
allá va la nave misteriosa.
El tiempo pasa, la marea crece.
El viento aúlla.
Allá va la nave misteriosa.
Sobre ella
¿qué mano es esa mayor que el mar?
¿Mano de piloto?
¿De quién es esa mano?
La nave se sumerge,
el mar es oscuro,
el tiempo pasa.
Sobre la nave
la mano enorme
sangra.
Allá va la nave.
El mar se desborda,
la tierra se hunde,
caen estrellas.
Allá va la nave.
Sobre ella
la mano eterna
sostenida.

MÁRIO DE ANDRADE

Improviso do rapaz morto

Morto, suavemente êle repousa sôbre as flôres do caixão.

Tem momentos assim em que a gente vivendo
Esta vida de interêsses e de lutas tão bravas,
Se cansa de colhêr desejos e preocupações.
Então pára um instante, larga o murmúrio do corpo,
A cabeça perdida cessa de imaginar,
E o esquecimento suavemente vem.
Quem que então goze as rosas que o circundam?
A vista bonita que o automóvel corta?
O pensamento que o heroíza?...
O corpo é que nem véu largado sôbre um móvel,
Um gesto que parou no meio do caminho,
Gesto que a gente esqueceu.
Morto, suavemente êle se esquece sôbre as flôres do caixão.

Não parece que dorme, nem digo que sonhe feliz, está morto.
Num momento da vida o espírito se esqueceu e parou.
De repente êle assustou com a bulha do chôro em redor,
Sentiu talvez um desaponto muito grande
De ter largado a vida sendo forte e sendo môço,
Teve despeito e não se moveu mais.
E agora êle não se moverá mais.

Vai-te embora! vai-te embora, rapaz morto!
Oh, vai-te embora que não te conheço mais!
Não volta de noite circular no meu destino
A luz da tua presença e o teu desejo de pensar!
Não volta oferecer-me a tua esperança corajosa,
Nem me pedir para os teus sonhos a conformação da Terra!
O universo muge de dor aos clarões dos incêndios,
As inquietudes cruzam-se no ar alarmadas,

46

Improvisación del muchacho muerto

Muerto, suavemente reposa sobre las flores del ataúd.

Hay momentos así en que cuantos vivimos
Esta vida de intereses y luchas fieras
nos cansamos de cosechar deseos y preocupaciones.
Entonces nos detenemos un instante, dejamos escapar el murmullo del cuerpo,
La cabeza perdida cesa de imaginar
Y suavemente viene el olvido.
¿Quién goza entonces las rosas que lo rodean?
¿La vista hermosa que obstruye un automóvil?
¿El pensamiento que lo hace héroe?...
El cuerpo es como un velo arrojado sobre un mueble,
Un gesto que se detuvo en medio del camino,
Un gesto que olvidamos.
Muerto, suavemente, se olvida sobre las flores del ataúd.

No parece que duerma, ni digo que sueñe feliz: está muerto.
En un momento de la vida el espíritu se se olvidó y se detuvo.
De pronto se asustó con el ruido de los lamentos alrededor,
Sintió quizá una decepción muy grande
Por haber dejado la vida siendo joven y fuerte,
Se sintió despechado y no se movió más.
Y ahora ya no se moverá más.

¡Márchate! ¡Márchate, muchacho muerto!
¡Oh, márchate, que ya no te conozco!
¡No vuelvas de noche a cruzar mi destino
A la luz de tu presencia y de tu deseo de pensar!
¡No vuelvas a ofrecerme tu intrépida esperanza,
Ni me pidas para tus sueños la resignación de la Tierra!
¡El universo muge de dolor en el brillo de los incendios,
Las inquietudes se cruzan alarmadas en el aire,

E é enorme, insuportável minha paz!
Minhas lágrimas caem sôbre ti e és como um sol quebrado!
Que liberdade em teu esquecimento!
Que independência firme na tua morte!
Oh, vai-te embora que não te conheço mais!

Y es enorme, insoportable mi paz!
¡Mis lágrimas caen sobre ti y eres como un sol que se quiebra!
¡Cuánta libertad en tu olvido!
¡Cuánta firme independencia en tu muerte!
¡Oh, márchate! ¡Ya no te conozco!

Cassiano Ricardo

O canto da juriti

Eu ia andando pelo caminho
em pleno sertão, o cafèzal tinha ficado lá longe...
Foi quando escutei o seu canto
que me pareceu o soluço sem fim da distância...

A ânsia de tudo o que é longo como as palmeiras.
A saudade de tudo o que é comprido como os rios...
O lamento de tudo o que é roxo como a tarde...
O chôro de tudo o que fica chorando por estar longe...
   bem longe.

El canto de la torcaza

Iba yo por el camino
en plena pampa, había dejado atrás el cafetal…
Fue cuando escuché tu canto
que parecía el sollozo sin fin de la distancia…

La angustia de todo lo que es alto como las palmeras.
La nostalgia de todo lo que es tan largo como los ríos…
El lamento de todo lo que es rojizo como la tarde…
El llanto de todo lo que se queda llorando por estar lejos…
     tan lejos.

Anoitecer

Homem, cantava eu como um pássaro
ao amanhecer. Em plena unanimidade
de um mundo só.
Como, porém, viver num mundo onde tôdas as coisas
tivessem um só nome?

Então, inventei as palavras.
E as palavras pousaram gorjeando sôbre o rosto
dos objetos.

A realidade, assim, ficou com tantos rostos
quantas são as palavras.

E quando eu queria exprimir a tristeza e a alegria
as palavras pousavam em mim, obedientes
ao meu menor aceno lírico.

Agora devo ficar mudo.
Só sou sincero quando estou em silêncio.

Pois, só quando estou em silêncio
elas pousam em mim — as palavras —
como um bando de pássaros numa árvore
ao anoitecer.

Anochecer

Hombre, cantaba yo como un pájaro
al amanecer. En plena armonía
con un mundo solo.
¿Cómo, no obstante, vivir en un mundo donde todas las cosas
tuviesen un solo nombre?

Así que inventé las palabras.
Y las palabras se posaron gorjeando sobre el rostro
de los objetos.

Así, la realidad adquirió tantos rostros
como palabras existen.

Y cuando quise expresar la tristeza y la alegría
las palabras se posaron en mí, obedientes
al menor gesto lírico.

Ahora debo enmudecer.
Sólo soy sincero cuando estoy en silencio.

Pues sólo cuando estoy en silencio
ellas se posan sobre mí — las palabras —
como una bandada de pájaros en un árbol
al anochecer.

Joaquim Cardozo

Cemitério da infância
Semana da criança, 1953

No cemitério da Infância
Era manhã quando entrei,
Das plantas que vi florindo
De tantas me deslumbrei...
Era manhã reluzindo
Quando ao meu país cheguei,
Dos rostos que vi sorrindo
De poucos me lembrarei.

Vinha de largas distâncias
No meu cavalo veloz,
Pela noite, sôbre a noite,
Na pesquisa de arrebóis;
E ouvia, sinistramente,
Longínqua, esquecida voz...
Galos cantavam, cantavam.
— Auroras de girassóis.

Por êsses aléns de serras,
Pelas léguas de verão,
Quantos passos repetidos
Trilhados no mesmo chão;
Pelas margens das estradas:
Rosário, cruz, coração...
Mulheres rezando as lágrimas,
Passando as gôtas na mão.

Aqui caíram as asas
Dos anjos. Rudes caminhos
Adornam covas pequenas
De urtiga branca e de espinhos;

Cementerio de la infancia
Semana del niño, 1953

Era de mañana cuando entré
En el Cementerio de la Infancia,
De las plantas que vi florecer
Muchas me deslumbraron…
Relumbraba la mañana
Cuando llegué a mi país,
De los rostros que vi sonriendo
De pocos me acordaré.

Venía de largas distancias
En mi caballo veloz,
Por la noche, sobre la noche,
En busca de arreboles;
Y oía, siniestramente,
Distante, voz olvidada…
Gallos cantaban, cantaban.
— Auroras de girasoles.

Por lejanas serranías,
Por las leguas de verano,
Cuántos pasos repetidos
Pisados en el mismo suelo;
En los arcenes de las carreteras:
Rosario, cruz, corazón…
Mujeres rezando lágrimas,
Contando gotas con la mano.

Aquí cayeron las alas
De los ángeles. Rudos caminos
Adornan cuevas pequeñas
De ortiga blancas y espinos;

Mais perto cheguei meus passos,
Mais e demais, de mansinho:
As almas do chão revoaram:
Um bando de passarinhos.

Oh! aflições pequeninas
Em corações de brinquedos;
Em sono se desfolharam
Tuas roseiras de mêdo...
Teus choros trazem relentos:
Ternuras de manhã cedo;
Oh! Cemitério da Infância
Abre a luz do teu segrêdo.

Carne, cinza, terra, adubo
Guardam mistérios mortais;
Meninos, depois adultos:
Os grandes canaviais...
— Crescem bagas nos arbustos,
Como riquezas reais,
Pasta o gado nas planuras
Dos vastos campos gerais.

Me seguí acercando a mis pasos,
Más y aún más, suavemente:
Las almas del suelo revolotearon:
Una bandada de pequeños pájaros.

¡Oh! pequeñas aflicciones
En corazones de juguete;
En sueño se deshojaron
Tus rosales de miedo…
Tu llanto trae rocío:
Ternuras de la mañana temprana;
¡Oh! Cementerio de la Infancia
Abre la luz de tu secreto.

Carne, ceniza, tierra, abono
Guardan misterios mortales;
Niños, después adultos:
Los grandes cañaverales…
— Crecen bayas en los arbustos,
Como riquezas reales,
Pasta el ganado en las llanuras
De los vastos campos generales.

Elegia para Maria Alves

Trago-te aqui estas flôres
— Filhas que são, modestas, de um sol de outubro —
São flôres das velhas cêrcas, flôres de espinheiros,
São verbenas e perpétuas, bogaris e resedás;
Têm as côres do céu nos crepúsculos longínquos
E a transparência e a limpidez das tardes em que sonharam môças
Nos mirantes dos antigos jardins de arrabaldes.

As frutas que deposito no chão, no teu chão, dentro desta fôlha de
aninga. . .
— Filhas, também, de um sol que tu não viste —
São araçás silvestres, cajás de cêrcas nativas,
Pitangas, macarandubas, corações de rainha;
São vermelhas, são cheirosas e amarelas
Como se fôssem. . . como se flôres ainda. . .

As terras que espalho sôbre o terreno do teu corpo vazio
— De muito distante vieram —
São areias do Rio Doce e da Piedade
Barros vermelhos das ribanceiras do Mar
Argilas das "Ruinas de Palmira" com as suas côres
De arco-iris naufragado entre os morros de Olinda.

Assim, Maria, trago-te flôres, frutos e terras. . .
E para que se conservem sempre frescas e puras
Sôbre elas derramo estas águas
Que são doces e claras, que são mansas e amigas:
Água da Levada de Apipucos
Água da Bica do Rosário
— Relíquias de chuvas antigas —
Águas por mim, por ti, por todos nós choradas.

Elegía para Maria Alves

Te traigo aquí estas flores
— Hijas que son, modestas, del sol de octubre —
Son flores de las viejas cercas, flores de espinos,
Son trepadoras y aromáticas, diamelas y resedas;
Tienen los colores del cielo en los crepúsculos distantes
La transparencia y limpidez de las tardes en que soñaron nuevas
En los miradores de antiguos jardines de los suburbios.

Las frutas que deposito en el suelo, en tu suelo, dentro de esta hoja
de filodendro…
— Hijas, también, de un sol que tú no viste —
Son guavas silvestres, jobos de cercas nativas,
cerezas de cayena, caimitos, corazones de reina;
Son rojas, fragantes y amarillas,
Como si fuesen… flores todavía…

La tierra que esparzo sobre el terreno de tu cuerpo vacío
— Vino de lejos —
Es arena del Río Doce y de la Piedad
Barros rojos de las orillas del Mar,
Arcilla de las "Ruinas de Palmira" con sus colores
De arcoiris náufrago entre los montes de Olinda.

Bien, Maria, te traigo flores, frutos y tierra…
Y para que se conserven siempre frescas y puras
Sobre ellas derramo estas aguas
Que son dulces y claras, que son mansas y amigas:
Agua de la Cascada de Apipucos.
Agua del Chafariz del Rosario
— Reliquias de lluvias antiguas —
Aguas lloradas por mí, por ti, por todos nosotros.

CECÍLIA MEIRELES

Segundo motivo da rosa

A Mário de Andrade

Por mais que te celebre, não me escutas,
embora em forma e nácar te assemelhes
à concha soante, à musical orelha
que grava o mar nas íntimas volutas.

Deponho-te em cristal, defronte a espelhos,
sem eco de cisternas ou de grutas...
Ausências e cegueiras absolutas
ofereces às vespas e às abelhas,

e a quem te adora, ó surda e silenciosa,
e cega e bela e interminável rosa,
que em tempo e aroma e verso te transmutas!

Sem terra nem estrêlas brilhas, prêsa
a meu sonho, insensível à beleza
que és e não sabes, porque não me escutas...

Segundo motivo de la rosa

A Mário de Andrade

Por más que te celebre, no me escuchas,
aunque en forma y nácar te asemejes
a la concha sonante, a oreja musical
que graba el mar en las íntimas volutas.

Te encaro en cristal, frente a espejos,
sin eco de cisternas o de grutas…
Ausencias y cegueras absolutas
ofreces a las avispas y a las abejas,

y a quien te adora, ¡oh sorda y silenciosa
y ciega y bella e interminable rosa,
que en tiempo y aroma y verso te transmutas!

Sin tierra ni estrellas brillas, presa
de mi sueño, insensible a la belleza
que eres sin saberlo, porque no me escuchas...

Vigília

Como o companheiro é morto,
todos juntos morreremos
um pouco.

O valor de nossas lágrimas
sôbre quem perdeu a vida,
não é nada.

Amá-lo, nesta tristeza,
é suspiro numa selva
imensa.

Por fidelidade reta
ao companheiro perdido,
que nos resta?

Deixar-nos morrer um pouco
por aquêle que hoje vemos
todo morto.

Vigilia

Cuando un compañero muere,
todos morimos
un poco.

El valor de nuestras lágrimas
sobre quien perdió la vida,
no es nada.

Amarlo, en esta tristeza,
es un suspiro en una selva
inmensa.

Por recta fidelidad
al compañero perdido,
¿qué nos queda?

Dejarnos morir un poco
por aquel que hoy vemos
completamente muerto.

Balada das dez bailarinas do cassino

Dez bailarinas deslizam
por um chão de espelho.
Têm corpos egípcios com placas douradas,
pálpebras azuis e dedos vermelhos.
Levantam véus brancos, de ingênuos aromas,
e dobram amarelos joelhos.

Andam as dez bailarinas
sem voz, em redor das mesas.
Há mãos sôbre facas, dentes sôbre flôres
e os charutos toldam as luzes acesas.
Entre a música e a dança escorre
uma sedosa escada de vileza.

As dez bailarinas avançam
como gafanhotos perdidos.
Avançam, recuam, na sala compacta,
empurrando olhares e arranhando o ruído.
Tão nuas se sentem que já vão cobertas
de imaginários, chorosos vestidos.

As dez bailarinas escondem
nos cílios verdes as pupilas.
Em seus quadris fosforescentes,
passa uma faixa de morte tranqüila.
Como quem leva para a terra um filho morto,
levam seu próprio corpo, que baila e cintila.

Os homens gordos olham com um tédio enorme
as dez bailarinas tão frias.
Pobres serpentes sem luxúria,
que são crianças, durante o dia.

Balada de las diez bailarinas del casino

Diez bailarinas se deslizan
sobre un suelo de espejos.
Tienen cuerpos egipcios con placas doradas,
párpados azules y dedos rojos.
Alzan velos blancos, de ingenuos aromas,
y doblan sus rodillas amarillas.

Van las diez bailarinas
sin voz, alrededor de las mesas.
Hay manos sobre cuchillos, dientes sobre flores
y los puros cubren las luces encendidas.
Entre la música y la danza se escurre
una sedosa escalera de vileza.

Las diez bailarinas avanzan
como saltamontes perdidos.
Avanzan, retroceden por la sala abarrotada,
empujando miradas y arañando el ruido.
Tan desnudas se sienten que ya van cubiertas
de imaginarios vestidos de lágrimas.

Las diez bailarinas esconden
tras las pestañas verdes las pupilas.
Sus caderas fosforescentes
las ciñe una cinta de muerte tranquila.
Como quien lleva a enterrar a un hijo muerto
llevan su propio cuerpo, que baila y centellea.

Los hombres gordos miran con tedio enorme
a las diez bailarinas tan frías.
Pobres serpientes sin lujuria,
que durante el día son niñas.

Dez anjos anêmicos, de axilas profundas,
embalsamados de melancolia.

Vão perpassando como dez múmias,
as bailarinas fatigadas.
Ramo de nardos inclinando flôres
azuis, brancas, verdes, douradas.
Dez mães chorariam, se vissem
as bailarinas de mãos dadas.

Diez ángeles anémicos, de profundas axilas,
embalsamados de melancolía.

Van pasando como diez momias,
las bailarinas cansadas.
Ramo de nardos que inclina flores
azules, blancas, verdes, doradas.
Diez madres llorarían, si viesen
a las bailarinas cogidas de la mano.

O cavalo morto

Vi a névoa da madrugada
deslizar seus gestos de prata,
mover densidade de opala
naquele pórtico de sono.

Na fronteira havia um cavalo morto.

Grãos de cristal rolavam pelo
Seu flanco nítido; e algum vento
torcia-lhe as crinas, pequeno,
leve arabesco, triste adôrno

— e movia a cauda ao cavalo morto.

As estrêlas ainda viviam
e ainda não eram nascidas
ai! as flôres daquele dia...
— mas era um canteiro o seu corpo:

um jardim de lírios, o cavalo morto.

Muitos viajantes contemplaram
a fluida música, a orvalhada
das grandes môscas de esmeralda
chegando em rumoroso jôrro.

Adernava triste, o cavalo morto.

E viam-se uns cavalos vivos,
altos como esbeltos navios,
galopando nos ares finos,
com felizes perfis de sonho.

El caballo muerto

Vi la niebla de la madrugada
deslizar sus gestos de plata,
mover densidad de ópalo
en aquel pórtico del sueño.

En la frontera había un caballo muerto.

Granos de cristal rodaban por
su flanco nítido: y el viento
le enredaba las crines, pequeño,
arabesco leve, triste adorno

— y movía la cola el caballo muerto.

Las estrellas aún vivían
y todavía no habían nacido
¡ay! las flores de aquel día…
— mas era un arriate su cuerpo:

un jardín de lirios, el caballo muerto.

Muchos viajeros contemplaron
la música fluida, el rocío
de grandes moscas esmeraldas
que llegaron en rumoroso enjambre.

Se inclinaba triste, el caballo muerto.

Y se veían unos caballos vivos,
altos como esbeltos navíos,
galopando en los aires sutiles,
con perfiles gozosos de sueño.

Branco e verde via-se o cavalo morto,

no campo enorme e sem recurso
— e devagar girava o mundo
entre as suas pestanas, turvo
como em luas de espelho roxo.

Dava o sol nos dentes do cavalo morto.

Mas todos tinham muita pressa,
e não sentiram como a terra
procurava, de légua em légua,
o ágil, o imenso, o etéreo sôpro
que faltava àquele arcabouço.

Tão pesado, o peito do cavalo morto!

Blanco y verde se veía el caballo muerto,

en el campo enorme y sin recurso
— y lento giraba el mundo
entre sus pestañas, turbio
como en lunas de espejos violeta.

Golpeaba el sol los dientes del caballo muerto.

Mas todos tenían mucha prisa,
y no sintieron cómo la tierra
buscaba, legua tras legua,
el ágil, el inmenso, el etéreo soplo
que le faltaba a aquel esqueleto.

¡Tan pesado, el pecho del caballo muerto!

Metal rosicler, 9

Falou-me o afinador de pianos, êsse
que mansamente escuta cada nota
e olha para os bemóis e sustenidos
ouvindo e vendo coisa mais remota.
E estão livres de engano os seus ouvidos
e suas mãos que em cada acorde acordam
os sons felizes de viverem juntos.

"Meu interêsse é de desinterêsse:
pois música e instrumento não confundo,
que afinador apenas sou, do piano,
a letra da linguagem dêsse mundo
que me eleva a conviva sôbre-humano.
¡Oh! que Física nova nêsse plano
para outro ouvido, sôbre outros assuntos..."

Metal rosicler, 9

Me habló el afinador de pianos, ése
que mansamente escucha cada nota
y mira los bemoles y sostenidos
oyendo y viendo las cosas más remotas.
Y están libres de engaño sus oídos
y sus manos que en cada acorde despiertan
los sonidos felices por vivir juntos.

"Mi interés es desinteresado:
pues no confundo música e instrumento
y tan sólo soy afinador del piano,
la letra del lenguaje de ese mundo
que me eleva a un convite sobrehumano.
¡Oh! cuánta Física nueva en ese plano
para otros oídos, sobre otros asuntos…"

Mapa

Me colaram no tempo, me puseram
uma alma viva e um corpo desconjuntado. Estou
limitado ao norte pelos sentidos, ao sul pelo mêdo,
a leste pelo Apóstolo São Paulo, à oeste pela minha educação.
Me vejo numa nebulosa, rodando, sou um fluido,
depois chego à consciência da terra, ando como os outros,
me pregam numa cruz, numa única vida.
Colégio. Indignado, me chamam pelo número, detesto a hierarquia.
Me puseram o rótulo de homem, vou rindo, vou andando, aos
     solavancos.
Danço. Rio e choro, estou aqui, estou ali, desarticulado,
gosto de todos, não gosto de ninguém, batalho com os espíritos
     do ar,
alguém da terra me faz sinais, não sei mais o que é o bem
     nem o mal.
Minha cabeça voou acima da baía, estou suspenso, angustiado,
     no éter,
tonto de vidas, de cheiros, de movimentos, de pensamentos,
não acredito em nenhuma técnica.
Estou com os meus antepassados, me balanço em arenas espanholas,
é por isso que saio às vêzes pra rua combatendo personagens
     imaginários,
depois estou com os meus tios doidos, às gargalhadas,
na fazenda do interior, olhando os girassóis do jardim.
Estou no outro lado do mundo, daqui a cem anos, levantando
     populações...
Me desespero porque não posso estar presente a todos os atos
     da vida.
Onde esconder minha cara? O mundo samba na minha cabeça.
Triângulos, estrêlas, noite, mulheres andando,
presságios brotando no ar, diversos pesos e movimentos me chamam
     a atenção,

Mapa

Me pegaron al tiempo, me pusieron
un alma viva y un cuerpo descoyuntado. Limito
al norte con los sentidos, al sur con el miedo,
al este con el apóstol San Pablo, al oeste con mi educación.
Me veo en una nebulosa, rodando, soy un fluido,
después llego a la conciencia de la tierra, ando como los otros,
me clavan en una cruz, a una única vida.
Colegio. Indignado, me llaman por el número, detesto la jerarquía.
Me pusieron el rótulo de hombre, voy riendo, voy caminando,
    dando tumbos.
Bailo. Río y lloro, estoy aquí, estoy ahí, desarticulado,
me gusta todo el mundo, no me gusta nadie, batallo con los
    espíritus del aire,
alguien desde la tierra me hace señales, no sé ya lo que es el bien
    ni el mal.
Mi cabeza sobrevoló la bahía, estoy suspendido, angustiado,
    en el éter,
aturdido por vidas, por olores, por movimientos, por pensamientos,
no creo en ninguna técnica.
Estoy con mis antepasados, me balanceo en arenas españolas,
es por eso que a veces salgo a la calle combatiendo personajes
    imaginarios,
después visito a mis tíos locos, las carcajadas,
en la hacienda del interior, mirando los girasoles del jardín.
Estoy al otro lado del mundo, de aquí a cien años, erigiendo
    pueblos...
Me desespero porque no puedo estar presente en todos los actos
    de la vida.
¿Dónde esconder mi rostro? El mundo baila en mi cabeza.
Triángulos, estrellas, noche, mujeres que caminan,
presagios que brotan en el aire, diversos pesos y movimientos me
    llaman la atención,

o mundo vai mudar a cara,
a morte revelará o sentido verdadeiro das coisas.

Andarei no ar.

Estarei em todos os nascimentos e em tôdas as agonias,
me aninharei nos recantos do corpo da noiva,
na cabeça dos artistas doentes, dos revolucionários...
Tudo transparecerá:
vulcões de ódio, explosões de amor, outras caras aparecerão
  na terra,
o vento que vem da eternidade suspenderá os passos,
dançarei na luz dos relâmpagos, beijarei sete mulheres,
vibrarei nos canjerês do mar, abraçarei as almas no ar,
me insinuarei nos outros cantos do mundo.

Almas desesperadas eu vos amo. Almas insatisfeitas, ardentes.
Detesto os que se tapeiam,
os que brincam de cabra-cega com a vida, os homens "práticos"...
Viva São Francisco e vários suicidas e amantes suicidas,
e os soldados que perderam a batalha, as mães bem mães,
as fêmeas bem fêmeas, os doidos bem doidos.
Vivam os transfigurados, ou porque eram perfeitos ou porque
  jejuavam muito...
viva eu, que inauguro no mundo o estado de bagunça
  transcendente.
Sou a prêsa do homem que fui há vinte anos passados,
dos amôres raros que tive,
vida de planos ardentes, desertos vibrando sob os dedos do amor,
tudo é ritmo do cérebro do poeta. Não me inscrevo em nenhuma
  teoria,
estou no ar,
na alma dos criminosos, dos amantes desesperados,
no meu quarto modesto da Praia de Botafogo,

el mundo va a cambiar de rostro,
la muerte revelará el verdadero sentido de las cosas.

Caminaré por el aire.

Presenciaré todos los nacimientos y todas las agonías,
anidaré en los rincones del cuerpo de la novia,
en la cabeza de los artistas enfermos, de los revolucionarios…
Todo será transparente:
volcanes de odio, explosiones de amor, otros rostros aparecerán en
    la tierra,
el viento que viene de la eternidad detendrá los pasos,
bailaré a la luz de los relámpagos, besaré a siete mujeres,
vibraré en los hechizos del mar, abrazaré a las almas en el aire,
me insinuaré en otros rincones del mundo.

Almas desesperadas, yo os amo. Almas insatisfechas, ardientes.
Detesto a los que se engañan,
los que juegan a la gallina ciega con la vida, los hombres "prácticos"…
Viva San Francisco y varios suicidas y amantes suicidas,
y los soldados que perdieron la batalla, las madres más maternales,
las mujeres más mujeres, los locos más locos.
Vivan los transfigurados, o porque eran perfectos o porque
    ayunaban mucho…
viva yo, que inauguro en el mundo un estado de desorden
    trascendental.
Soy la presa del hombre que fui hace veinte años,
de los extraños amores que tuve,
vida de planes ardientes, desiertos vibrando bajo los dedos del amor,
todo es ritmo en el cerebro del poeta. No me inscribo en ninguna
    teoría,
estoy en el aire,
en el alma de los criminales, de los amantes desesperados,
en mi modesto cuarto de Playa de Botafogo,

no pensamento dos homens que movem o mundo,
nem triste nem alegre, chama com dois olhos andando,
sempre em transformação.

en el pensamiento de los hombres que mueven el mundo,
ni triste ni alegre, llama con dos ojos que camina,
siempre en transformación.

Cavalos

Pela grande campina deserta passam os cavalos a galope.
Aonde vão êles?
Vão buscar a cabeça do Delfim rolando na escadaria.
Os cavalos nervosos sacodem no ar longas crinas azuis.
Um segura nos dentes a branca atriz morta que retirou
    das águas,
Outros levam mensagens do vento aos exploradores desaparecidos,
Ou carregam trigo para as populações abandonadas pelos chefes.
Os finos cavalos azuis relincham para os aviões
E batem a terra dura com os cascos reluzentes.
São os restos de uma antiga raça companheira do homem
Que os vai substituir pelos cavalos mecânicos
E atirá-los ao abismo da história.
Os impacientes cavalos azuis fecham a curva do horizonte,
Despertando clarins na manhã.

Caballos

Por la gran campiña desierta pasan al galope los caballos.
¿A dónde van?
Van a buscar la cabeza del Delfín que desciende rodando la escalera.
Los caballos nerviosos sacuden al aire sus largas crines azules.
Uno sostiene con los dientes a la blanca actriz muerta que sacó
    de las aguas,
Otros llevan mensajes del viento a los exploradores desaparecidos
O llevan trigo a los pueblos abandonados por los jefes.
Los finos caballos azules relinchan a los aviones
Y golpean la tierra dura con los cascos relucientes.
Son los restos de una antigua raza compañera del hombre
Que los va a sustituir por caballos mecánicos
Y los arrojará al abismo de la historia.
Los impacientes caballos azules cierran la curva del horizonte,
Despertando clarines en la mañana.

Carlos Drummond de Andrade

Viagem na família

A Rodrigo M. F. de Andrade

No deserto de Itabira
a sombra de meu pai
tomou-me pela mão.
Tanto tempo perdido.
Porém nada dizia.
Não era dia nem noite.
Suspiro? Vôo de pássaro?
Porém nada dizia.

Longamente caminhamos.
Aqui havia uma casa.
A montanha era maior.
Tantos mortos amontoados,
o tempo roendo os mortos.
E nas casas em ruína,
desprêzo frio, umidade.
Porém nada dizia.

A rua que atravessava
a cavalo, de galope.
Seu relógio. Sua roupa.
Seus papéis de circunstância.
Suas histórias de amor.
Há um abrir de baús
e de lembranças violentas.
Porém nada dizia.

No deserto de Itabira
as coisas voltam a existir,
irrespiráveis e súbitas.
O mercado de desejos

Viaje en familia

A Rodrigo M. F. de Andrade

En el desierto de Itabira
la sombra de mi padre
me tomó de la mano.
Tanto tiempo perdido.
Pero nada decía.
No era de día ni de noche.
¿Suspiro? ¿Vuelo de pájaros?
Pero nada decía.

Caminamos largamente.
Aquí había una casa.
La montaña era mayor.
Tantos muertos amontonados,
el tiempo royendo a los muertos.
Y en las casas en ruinas,
desprecio frío, humedad.
Pero nada decía.

La calle que atravesaba
a galope de caballo.
Su reloj. Su ropa.
Sus papeles casuales.
Sus historias de amor.
Hay un abrir de baúles
y de recuerdos violentos.
Pero nada decía.

En el desierto de Itabira
las cosas vuelven a existir,
irrespirables y súbitas.
El mercado de deseos

expõe seus tristes tesouros;
meu anseio de fugir;
mulheres nuas; remorso.
Porém nada dizia.

Pisando livros e cartas,
viajamos na família.
Casamentos; hipotecas;
os primos tuberculosos;
a tia louca; minha avó
traída com as escravas,
rangendo sêdas na alcova.
Porém nada dizia.

Que cruel, obscuro instinto
movia sua mão pálida
sùtilmente nos empurrando
pelo tempo e pelos lugares
defendidos?

Olhei-o nos olhos brancos.
Gritei-lhe: Fala! Minha voz
vibrou no ar um momento,
bateu nas pedras. A sombra
prosseguia devagar
aquela viagem patética
através do reino perdido.
Porém nada dizia.

Vi mágoa, incompreensão
e mais de uma velha revolta
a dividir-nos no escuro.
A mão que eu não quis beijar,
o prato que me negaram,

expone sus tristes tesoros;
mi ansia de huir;
mujeres desnudas; remordimiento.
Pero nada decía.

Pisando libros y cartas,
viajamos en familia.
Bodas; hipotecas;
los primos tuberculosos;
la tía loca; mi abuela
traicionada con las esclavas,
arañando sedas en la alcoba.
Pero nada decía.

¿Qué cruel, oscuro instinto
movía su mano pálida
empujándonos sutilmente
por el tiempo y los lugares
defendidos?

Miré sus ojos blancos.
Le grité: ¡habla! Mi voz
vibró en el aire un momento,
golpeó en las piedras. La sombra
seguía despacio
aquel viaje patético
a través del reino perdido.
Pero nada decía.

Vi amargura, incomprensión
y más de una vieja revuelta
dividiéndonos en la oscuridad.
La mano que no quise besar,
la comida que me negaron,

recusa em pedir perdão.
Orgulho. Terror noturno.
Porém nada dizia.

Fala fala fala fala.
Puxava pelo casaco
que se desfazia em barro.
Pelas mãos, pelas botinas
prendia a sombra severa
e a sombra se desprendia
sem fuga nem reação.
Porém ficava calada.

E eram distintos silêncios
que se entranhavam no seu.
Era meu avô já surdo
querendo escutar as aves
pintadas no céu da igreja;
a minha falta de amigos;
a sua falta de beijos;
eram nossas difíceis vidas
e uma grande separação
na pequena área do quarto.

A pequena área da vida
me aperta contra o seu vulto,
e nêsse abraço diáfano
é como se eu me queimasse
todo, de pungente amor.
Só hoje nos conhecermos!
Óculos, memórias, retratos
fluem no rio do sangue.
As águas já não permitem
distinguir seu rosto longe,

se niegan a pedir perdón.
Orgullo. Terror nocturno.
Pero nada decía.

Habla habla habla habla.
Tiraba del abrigo
que se deshacía en barro.
Con las manos, con los botines
agarraba la sombra severa
y la sombra se desprendía
sin fuga ni resistencia.
Pero se quedaba callada.

Y eran silencios distintos
que penetraban en el suyo.
Era mi abuelo ya sordo
queriendo escuchar las aves
pintadas en el techo del templo;
mi falta de amigos;
su falta de besos;
eran nuestras difíciles vidas
y una gran separación
en el pequeño espacio del cuarto.

El pequeño espacio de la vida
me oprime contra su figura,
y en ese abrazo diáfano
es como si me quemase
del todo, de doloroso amor.
¡Sólo hoy nos conocemos!
Gafas, memorias, retratos
fluyen en el río de sangre.
Las aguas ya no permiten
distinguir su rostro lejano,

para lá de setenta anos...

Senti que me perdoava
porém nada dizia.
As águas cobrem o bigode,
a família, Itabira, tudo.

distante más allá de 70 años…

Sentí que me perdonaba
pero nada decía.
La aguas cubren el bigote,
a la familia, Itabira, todo.

Poema de sete faces

Quando nasci, um anjo torto
dêsses que vivem na sombra
disse: Vai, Carlos, ser gauche na vida.

As casas espiam os homens
que correm atrás das mulheres.
A tarde talvez fôsse azul,
não houvesse tantos desejos.

O bonde passa cheio de pernas:
pernas brancas pretas amarelas.
Para que tanta perna, meu Deus, pergunta meu coração.
Porém meus olhos
não perguntam nada.

O homem atrás do bigode
é sério, simples e forte.
Quase não conversa.
Tem poucos, raros amigos
o homem atrás dos óculos e do bigode.

Meus Deus, porque me abandonaste
se sabias que eu não era Deus
se sabias que eu era fraco.

Mundo mundo vasto mundo,
se eu me chamasse Raimundo,
seria uma rima, não seria uma solução.
Mundo mundo vasto mundo,
mais vasto é meu coração.

Poema con siete caras

Cuando nací, un ángel maltrecho
de esos que viven en la sombra
me dijo: Carlos, serás un torpe toda la vida.

Las casas vigilan a los hombres
que corren tras las mujeres.
La tarde tal vez sería azul
si no hubiese tantos deseos.

El tranvía pasa lleno de piernas:
piernas blancas, morenas, amarillas.
Para qué tanta pierna, Dios mío, pregunta mi corazón.
Pero mis ojos
no preguntan nada.

El hombres tras el bigote
es serio, sencillo y fuerte.
Casi no habla.
Tiene pocos, extraños amigos
el hombre tras las gafas y el bigote.

Dios mío, por qué me abandonaste
si sabías que yo no era Dios
si sabías que era débil.

Mundo mundo vasto mundo,
si me llamara Raimundo,
sería una rima, no una solución.
Mundo mundo vasto mundo,
más vasto es mi corazón.

Eu não devia te dizer,
mas essa lua
mas êsse conhaque
botam a gente comovido como o diabo.

No debía decírtelo,
pero esa luna
ese coñac
nos vuelven exaltados como el diablo.

Não se mate

Carlos, sossegue, o amor
é isso que você está vendo:
hoje beija, amanhã não beija,
depois de amanhã é domingo
e segunda-feira ninguém sabe
o que será.

Inútil você resistir
ou mesmo suicidar-se.
Não se mate, oh não se mate,
reserve-se todo para
as bodas que ninguém sabe
quando virão,
se é que virão.

O amor, Carlos, você telúrico,
a noite passou em você,
e os recalques se sublimando,
lá dentro um barulho inefável,
rezas,
vitrolas,
santos que se persignam,
anúncios do melhor sabão,
barulho que ninguém sabe
de quê, praquê.

Entretanto você caminha
melancólico e vertical.
Você é a palmeira, você é o grito
que ninguém ouviu no teatro
e as luzes tôdas se apagam.
O amor no escuro, não, no claro,

No te mates

Carlos, tranquilo, el amor
es eso que ves:
hoy besa, mañana no besa,
pasado mañana es domingo
y el lunes nadie sabe
lo que ocurrirá.

Inútil resistir
o suicidarse.
No te mates, oh, no te mates,
resérvate entero para
las bodas que nadie sabe
cuándo llegarán,
si es que llegan.

El amor, Carlos, tú, telúrico,
la noche pasó en ti,
y las frustraciones se subliman
allá adentro un barullo inefable,
rezos,
algarabías,
santos que se persignan,
anuncios del mejor jabón,
ruido nadie sabe
de qué, para qué.

Mientras tanto caminas
melancólico y vertical.
Eres la palmera, eres el grito
que nadie oyó en el teatro
y todas las luces se apagan.
El amor en la oscuridad, no, en la claridad

é sempre triste, meu filho, Carlos,
mas não diga nada a ninguém,
ninguém sabe nem saberá.

es siempre triste, Carlos, hijo mío,
pero no se lo digas a nadie,
nadie lo sabe ni lo sabrá.

A mesa

E não gostavas de festa. . .
Ó velho, que festa grande
hoje te faria a gente.
E teus filhos que não bebem
e o que gosta de beber,
em tôrno da mesa larga,
largavam as tristes dietas,
esqueciam seus fricotes,
e tudo era farra honesta
acabando em confidência.
Ai, velho, ouvirias coisas
de arrepiar teus noventa.
E daí, não te assustávamos,
porque, com riso na bôca,
e a nédia galinha, o vinho
português de boa pinta,
e mais o que alguém faria
de mil coisas naturais
e fartamente poria
em mil terrinas da China,
já logo te insinuávamos
que era tudo brincadeira.
Pois sim. Teu ôlho cansado,
mas afeito a ler no campo
uma lonjura de léguas,
e na lonjura uma rês
perdida no azul azul,
entrava-nos alma adentro
e via essa lama podre
e com pesar nos fitava
e com ira amaldiçoava
e com doçura perdoava

La mesa

Y no te gustaban las fiestas…
Oh, viejo, qué gran fiesta
podríamos hacerte hoy.
Y tus hijos que no beben
y al que le gusta beber,
todos en torno a la mesa larga,
suspenderían las tristes dietas,
olvidarían sus disputas,
y todo sería honesta farra
acabada en confidencias.
Ay, viejo, oirías cosas
que asustarían a tus noventa años.
Y por eso no te asustaríamos,
porque, con la risa en la boca,
y la gallina lustrosa, el vino
portugués con buena pinta,
y todo lo demás que alguien habría hecho
de mil cosas naturales
y con abundancia habría puesto
en mil soperas de China,
al momento te insinuaríamos
que todo era broma.
Pues sí. Tus ojos cansados,
pero acostumbrados a leer en el campo
a una gran distancia,
y en la distancia una res
perdida en el azul azul,
nos entraría alma adentro
y vería ese barro podrido
y con pesar nos observaría
y con ira maldeciría
y con dulzura perdonaría

(perdoar é rito de pais,
quando não seja de amantes).
E, pois, todo nos perdoando,
por dentro te regalavas
de ter filhos assim... Puxa,
grandessíssimos safados,
me saíram bem melhor
que as encomendas. De resto,
filho de peixe... Calavas,
com agudo sobrecenho
interrogavas em ti
uma lembrança saudosa
e não de todo remota
e rindo por dentro e vendo
que lançaras uma ponte
dos passos loucos do avô
à incontinência dos netos,
sabendo que tôda carne
aspira à degradação,
mas numa via de fogo
e sob um arco sexual,
tossias. Hem, hem, meninos,
não sejam bobos. Meninos?
Uns marmanjos cinqüentões,
calvos, vividos, usados,
mas resguardando no peito
essa alvura de garôto,
essa fuga para o mato,
essa gula defendida
e o desejo muito simples
de pedir à mãe que cosa,
mais do que nossa camisa,
nossa alma frouxa, rasgada...
Ai, grande jantar mineiro

(perdonar es rito de padres,
como lo es también de amantes).
Y, perdonándonoslo todo,
por dentro te regodearías
de tener hijos así… Caramba,
grandísimos desvergonzados,
me salieron mucho mejor
de lo que había planeado. Además,
de tal palo tal astilla… Callarías,
con agudo entrecejo
interrogarías en ti
un recuerdo nostálgico
y no del todo remoto
y riendo por dentro y viendo
que tendías un puente
entre los pasos locos del abuelo
y la incontinencia de los nietos,
sabiendo que la carne siempre
aspira a la degradación,
mas en una vía de fuego
y bajo un arco sexual,
toserías. Cof, cof, niños,
no seáis tontos. ¿Niños?
Unos hombretones cincuentones,
calvos, vividos, usados,
pero escondiendo en el pecho
la inocencia de muchacho,
la fuga hacia el monte,
la gula defendida
y el deseo muy simple
de pedir a la madre que remiende,
más que nuestra camisa,
nuestra alma cobarde, lastimada…
Ah, gran cena minera

que seria êsse... Comíamos,
e comer abria fome,
e comida era pretexto.
E nem mesmo precisávamos
ter apetite, que as coisas
deixavam-se espostejar,
e amanhã é que eram elas.
Nunca desdenhe o tutu.
Vá lá mais um torresminho.
E quanto ao peru? Farofa
há de ser acompanhada
de uma boa cachacinha,
não desfazendo em cerveja,
essa grande camarada.
Ind'outro dia... Comer
guarda tamanha importância
que só o prato revele
o melhor, o mais humano
dos sêres em sua treva?
Beber é pois tão sagrado
que só bebido meu mano
me desata seu queixume,
abrindo-me sua palma?
Sorver, papar: que comida
mais cheirosa, mais profunda
no seu tronco luso-árabe,
e que bebida mais santa
que a todos nos une em um
tal centímano glutão,
parlapatão e bonzão!
E nem falta a irmã que foi
mais cedo que os outros e era
rosa de nome e nascera
em dia tal como o de hoje

sería ésa… Comeríamos,
y comer abriría el apetito,
y la comida sería un pretexto.
Y ni siquiera necesitaríamos
tener hambre, porque las cosas
se dejarían despedazar,
y a la mañana siguiente sufriríamos las consecuencias.
Nunca desdeñes la comida.
Ahí va otro torreznito.
¿Y el pavo? La tapioca
debe acompañarse
de un buen aguardiente,
sin desdeñar la cerveza,
esa gran camarada.
Al día siguiente… ¿Comer
tiene tal importancia
que sólo el plato revela
al mejor, al más humano
de los seres en su oscuridad?
¿Beber es, pues, tan sagrado
que sólo estando borracho, mi hermano
desata su lamento,
abriéndome sus manos?
Sorber, tragar: ¡qué comida
más fragante, más profunda
en su tronco luso-arábigo,
y qué bebida más santa
que a todos nos une en una
hermandad glotona,
parlanchina y bonachona!
Y no falta ni la hermana que se fue
antes que los demás y era
rosa de nombre y había nacido
en un día como hoy

para enfeitar tua data.
Seu nome sabe a camélia,
e sendo uma rosa-amélia,
flor muito mais delicada
que qualquer das rosas-rosa,
viveu bem mais do que o nome,
porém no íntimo claustrava
a rosa esparsa. A teu lado,
vê: recobrou-se-lhe o viço.
Aqui sentou-se o mais velho.
Tipo do manso, do sonso,
não servia para padre,
amava casos bandalhos;
depois o tempo fêz dêle
o que faz de qualquer um;
e à medida que envelhece,
vai estranhamente sendo
retrato teu sem ser tu,
de sorte que se o diviso
de repente, sem anúncio,
és tu que me reapareces
noutro velho de sessenta.
Este outro aqui é doutor,
o bacharel da família,
mas suas letras mais doutas
são as escritas no sangue,
ou sôbre a casca das árvores.
Sabe o nome da florzinha
e não esquece o da fruta
mais rara que se prepara
num casamento genético.
Mora nêle a nostalgia,
citadino, do ar agreste,
e, camponês, do letrado.

para adornar tu cumpleaños.
Su nombre sabe a camelia,
y siendo una rosa-amelia,
flor mucho más delicada
que cualquiera de las rosas-rosa,
vivió mucho más que su nombre,
no en vano en su interior encerraba
la rosa dispersa. Y a tu lado
mira: recobró su lozanía.
Aquí se sentó el más viejo.
Tipo tranquilo, taimado,
no servía para cura,
amaba los casos pícaros;
después el tiempo hizo de él
lo que hace con todos;
y a medida que envejece,
va extrañamente siendo
tu retrato sin ser tú,
de tal manera que si se me aparece
de pronto, sin aviso,
eres tú quien reaparece
en otro viejo de sesenta años.
Este otro aquí es doctor,
el bachiller de la familia,
pero sus credenciales más doctas
son las escritas en la sangre
o sobre la corteza de los árboles.
Sabe el nombre de la florecilla
y no olvida el de la fruta
más rara que se prepara
en una hibridación.
Habita en él la nostalgia,
ciudadano, del aire agreste,
y, campesino, del letrado.

Então vira patriarca.
Mais adiante vês aquêle
que de ti herdou a dura
vontade, o duro estoicismo.
Mas, não quis te repetir.
Achou não valer a pena
reproduzir sôbre a terra
o que a terra engolirá.
Amou. E ama. E amará.
Só não quer que seu amor
seja uma prisão de dois,
um contrato, entre bocejos
e quatro pés de chinelo.
Feroz a um breve contato,
à segunda vista, sêco,
à terceira vista, lhano,
dir-se-ia que êle tem mêdo
de ser, fatalmente, humano.
Dir-se-ia que êle tem raiva,
mas que mel transcende a raiva,
e que sábios, ardilosos
recursos de se enganar
quanto a si mesmo: exercita
uma fôrça que não sabe
chamar-se, apenas, bondade.
Esta calou-se. Não quis
manter com palavras novas
o colóquio subterrâneo
que num sussurro percorre
a gente mais desatada.
Calou-se, não te aborreças.
Se tanto assim a querias,
algo nela ainda te quer,
à maneira atravessada

Entonces se convierte en patriarca.
Más adelante ves a aquel
que de ti heredó la dura
voluntad, el duro estoicismo.
Mas no quiso repetirte.
Vio que no vale la pena
reproducir sobre la tierra
lo que la tierra se tragará.
Amó. Y ama. Y amará.
Sólo no quiere que su amor
sea una prisión para dos,
un contrato entre bostezos
y cuatro pies en zapatillas.
Feroz al contacto leve,
seco en la segunda ocasión,
la tercera vez, llano,
diríase que tiene miedo
de ser, fatalmente, humano.
Diríase que tiene rabia,
pero que la miel trasciende a la rabia,
y también sabios, arteros
recursos para engañarse
tanto a sí mismo: ejercita
una fuerza que no sabe
llamarse, apenas, bondad.
Ésta se calló. No quiso
mantener con palabras nuevas
el coloquio subterráneo
que en un susurro recorre
a la gente más decidida.
Se calló, no te enfades.
Si realmente la querías,
algo en ella aún te quiere,
a la manera enrevesada

que é própria de nosso jeito.
(Não ser feliz tudo explica.)
Bem sei como são penosos
êsses lances de família,
e discutir neste instante
seria matar a festa,
matando-te — não se morre
uma só vez, nem de vez.
Restam sempre muitas vidas
para serem consumidas
na razão dos desencontros
de nosso sangue nos corpos
por onde vai dividido.
Ficam sempre muitas mortes
para serem longamente
reencarnadas noutro morto.
Mas estamos todos vivos.
E mais que vivos, alegres.
Estamos todos como éramos
antes de ser, e ninguém
dirá que ficou faltando
algum dos teus. Por exemplo:
ali ao canto — da mesa,
não por humilde, talvez
por ser o rei dos vaidosos
e se pelar por incômodas
posições de tipo gauche,
ali me vês tu. Que tal?
Fica tranqüilo: trabalho.
Afinal, a boa vida
ficou apenas: a vida
(e nem era assim tão boa
e nem se fêz muito má).
Pois êle sou eu. Repara:

como solemos hacer las cosas .
(No ser feliz lo explica todo.)
Bien sé lo penosos que son
esos dramas de familia,
y discutir en ese instante
sería matar la fiesta,
matándote — no se muere
una sola vez ni para siempre.
Quedan siempre muchas vidas
por consumir
en pago a los desencuentros
de nuestra sangre en los cuerpos
por donde va dividida.
Quedan siempre muchas muertes
para ser ampliamente
reencarnadas en otro muerto.
Pero estamos todos vivos.
Y más que vivos, alegres.
Estamos todos como éramos
antes de ser, y nadie
dirá que echó en falta
a alguno de los tuyos. Por ejemplo:
allí en una esquina — de la mesa,
no por humilde, quizá
por ser el rey de los vanidosos
y enloquecer por incómodas
posiciones embarazosas,
allí me ves tú. ¿Qué tal?
Tranquilízate: tengo trabajo.
A fin de cuentas de la buena vida
queda apenas: la vida
(y ni era tan buena
ni se volvió muy mala).
Pues él soy yo. Date cuenta:

tenho todos os defeitos
que não farejei em ti
e nem os tenho que tinhas,
quanto mais as qualidades.
Não importa: sou teu filho
com ser uma negativa
maneira de te afirmar.
Lá que brigamos, brigamos,
ôpa! que não foi brinquedo,
mas os caminhos do amor,
só amor sabe trilhá-los.
Tão ralo prazer te dei,
nenhum, talvez... ou senão,
esperança de prazer,
é, pode ser que te desse
a neutra satisfação
de alguém sentir que seu filho,
de tão inútil, seria
sequer um sujeito ruim.
Não sou um sujeito ruim.
Descansa, se o suspeitavas,
mas não sou lá essas coisas.
Alguns afetos recortam
o meu coração chateado.
Se me chateio? demais.
Êsse é meu mal. Não herdei
de ti essa balda. Bem,
não me olhes tão longo tempo,
que há muitos a ver ainda.
Há oito. E todos minúsculos,
todos frustrados. Que flora
mais triste fomos achar
para ornamento de mesa!
Qual nada. De tão remotos,

tengo todos los defectos
que no descubrí en ti
y ninguno de los que tú tenías,
mucho menos las virtudes.
No importa: soy tu hijo,
una forma de afirmarte
en negativo.
Es cierto que nos enfrentamos,
¡y no fue en broma!
pero los caminos del amor
sólo el amor sabe trillarlos.
Te complací bien pocas veces,
ninguna, quizá… quizás
una promesa de complacencia,
sí, puede ser que te diese
la neutra satisfacción
de que alguien sintiera que su hijo,
de tan inútil, llegaría a ser
un sujeto despreciable.
No soy un sujeto despreciable.
Si lo temías, puedes estar tranquilo,
no soy ninguna de esas cosas.
Algunos afectos alcanzan
mi corazón hastiado.
¿Que si me aburro? Demasiado.
Ese es mi mal. No fue de ti
de quien heredé esa manía. Bien,
no me mires tan fijamente,
tienes que mirar a muchos más aún.
Ocho más. Y todos pequeños,
todos frustrados. ¡Que flora
más triste fuimos a encontrar
como adorno de la mesa!
Qué nada. De tan remotos,

de tão puros e esquecidos
no chão que suga e transforma,
são anjos. ¡Que luminosos!
que raios de amor radiam,
e em meio a vagos cristais,
o cristal dêles retine,
reverbera a própria sombra.
São anjos que se dignaram
participar do banquete,
alisar o tamborete,
viver vida de menino.
São anjos. E mal sabias
que um mortal devolve a Deus
algo de sua divina
substância aérea e sensível,
se tem um filho e se o perde.
Conta: quatorze na mesa.
Ou trinta? serão cinqüenta,
que sei? Se chegam mais outros,
uma carne cada dia
multiplicada, cruzada
a outras carnes de amor.
São cinqüenta pecadores,
se pecado é ter nascido
e provar, entre pecados,
os que nos foram legados.
A procissão de teus netos,
alongando-se em bisnetos,
veio pedir tua bênção
e comer de teu jantar.
Repara um pouquinho nesta,
no queixo, no olhar, no gesto,
e na consciência profunda
e na graça menineira,

de tan puros y olvidados
en el suelo que absorbe y transforma,
son ángeles. ¡Qué luminosos!
Irradian rayos de amor
y en mitad de los vagos cristales,
sus cristales tintinean,
reverbera la propia sombra.
Son ángeles que se dignaron
participar del banquete,
ablandar el taburete,
vivir vida de niño.
Son ángeles. Y apenas sabías
que un mortal devuelve a Dios
algo de su divina
sustancia aérea y sensible
si tiene un hijo y lo pierde.
Cuenta: catorce en la mesa.
¿O treinta? ¿Serán cincuenta?
¡Yo qué sé! Si llegasen más,
carne día a día
multiplicada, cruzada
con otras carnes de amor.
Son cincuenta pecadores,
si pecado es haber nacido
y probar, de entre los pecados,
los que recibimos en herencia.
La procesión de tus nietos,
prolongándose en bisnietos,
vino a pedir tu bendición
y a comer de tu comida.
Detente un poco en esta,
en el mentón, en la mirada, en el gesto
y en la profunda conciencia
y en la gracia infantil,

e dize, depois de tudo,
se não é, entre meus erros,
uma imprevista verdade.
Esta é minha explicação,
meu verso melhor ou único,
meu tudo enchendo meu nada.
Agora a mesa repleta
está maior do que a casa.
Falamos de bôca cheia,
xingamo-nos mùtuamente,
rimos, ai, de arrebentar,
esquecemos o respeito
terrível, inibidor,
e tôda a alegria nossa,
ressecada em tantos negros
bródios comemorativos
(não convém lembrar agora),
os gestos acumulados
de efusão fraterna, atados
(não convém lembrar agora),
as fína-e-meigas palavras
que ditas naquele tempo
teriam mudado a vida
(não convém mudar agora),
vem tudo à mesa e se espalha
qual inédita vitualha.
Oh que ceia mais celeste
e que gôzo mais do chão!
Quem preparou? que inconteste
vocação de sacrifício
pôs a mesa, teve os filhos?
quem se apagou? quem pagou
a pena dêste trabalho?
Quem foi a mão invisível

y di, después de todo,
si no surge de entre mis errores
como una verdad imprevista.
Esta es mi explicación,
mi verso mejor o único,
mi todo que colma mi nada.
Ahora la mesa repleta
es más grande que la casa.
Hablamos con la boca llena,
haciéndonos de rabiar mutuamente,
reímos, ay, hasta reventar,
perdemos el respeto
terrible, inhibidor,
y toda nuestra alegría,
exprimida en tantas negras
francachelas conmemorativas
(no conviene recordarlas ahora),
los gestos acumulados
de efusión fraterna, atados
(no conviene recordarlos ahora)
a las finas y amables palabras
que dichas en aquel tiempo
habrían cambiado la vida
(no conviene cambiarla ahora),
viene todo a la mesa y se dispersa
cual inédita vitualla.
¡Oh, que cena más celestial
y qué gozo más terrenal!
¿Quién la preparó? ¿Qué indiscutible
vocación de sacrificio
puso la mesa, tuvo los hijos?
¿Quién se borró? ¿Quién pagó
el precio de este trabajo?
¿Cuál fue la mano invisible

que traçou êste arabêsco
de flor em tôrno ao pudim,
como se traça uma auréola?
quem tem auréola? quem não
a tem, pois que, sendo de ouro
cuida logo em reparti-la,
e se pensa melhor faz?
quem senta do lado esquerdo,
assim curvada? que branca,
mas que branca mais que branca
tarja de cabelos brancos
retira a côr das laranjas,
anula o pó do café,
cassa o brilho aos serafins?
quem é tôda luz e é branca?
Decerto não pressentias
como o branco pode ser
uma tinta mais diversa
da mesma brancura... Alvura
elaborada na ausência
de ti, mas ficou perfeita,
concreta, fria, lunar.
Como pode nossa festa
ser de um só que não de dois?
Os dois ora estais reunidos
numa aliança bem maior
que o simples elo da terra.
Estais juntos nesta mesa
de madeira mais de lei
que qualquer lei da república.
Estais acima de nós,
acima dêste jantar
para o qual vos convocamos
por muito — enfim — vos querermos

que trazó este arabesco
de flores en torno al flan
igual que se traza una aureola?
¿Quién tiene aureola? ¿Quién no
la tiene, puesto que, siendo de oro
se preocupa al momento de repartirla,
creyendo que es lo mejor que puede hacer?
¿Quién se sienta del lado izquierdo,
así curvada? ¿Qué blanca,
pero qué blanca más blanca
orla de cabellos blancos
borra el color de las naranjas,
elimina el polvo del café,
anula el brillo de los serafines?
¿Quién es toda luz y es blanca?
Seguramente no presentías
que el blanco pudiera ser
un color tan diferente
de la misma blancura… Albura
elaborada en tu ausencia
pero así todo perfecta,
concreta, fría, lunar.
¿Cómo puede nuestra fiesta
ser de uno sólo y no de dos?
Los dos ahora están reunidos
en una alianza mucho mayor
que un simple eslabón de la tierra.
Estáis juntos en esta mesa
de madera más de ley
que cualquier ley de la república.
Estáis sobre nosotros,
sobre esta cena
a la que os convocamos
por lo mucho — en fin —que os queremos

e, amando, nos iludirmos
junto da mesa
  vazia.

y, amando, nos engañamos
junto a la mesa
    vacía.

Infância

Meu pai montava a cavalo, ia para o campo.
Minha mãe ficava sentada cosendo.
Meu irmão pequeno dormia.
Eu sòzinho menino entre mangueiras
lia a história de Robinson Crusoé.
Comprida história que não acaba mais.

No meio-dia branco de luz uma voz que aprendeu
a ninar nos longes da senzala — e nunca
    se esqueceu
chamava para o café.
Café prêto que nem a preta velha
café gostoso
café bom.

Minha mãe ficava sentada cosendo
olhando para mim:
— Psiu... Não acorde o menino.
Para o berço onde pousou um mosquito.
E dava um suspiro... que fundo!

Lá longe meu pai campeava
no mato sem fim da fazenda.

E eu não sabia que minha história
era mais bonita que a de Robinson Crusoé.

Infancia

Mi padre montaba a caballo, galopaba por el campo.
Mi madre se quedaba sentada cosiendo.
Mi hermano pequeño dormía.
Yo, niño solitario entre árboles de mango
leía la historia de Robinson Crusoe.
Larga historia que no acaba nunca.

Al mediodía de luz blanca una voz que aprendió
a arrullar en los distantes asentamientos de esclavos — y que nunca
   se olvidó
llamaba para el café.
Café negro como la vieja negra
café sabroso
buen café.

Mi madre se quedaba sentada cosiendo
mirándome:
— Shhiiit… No despiertes al niño.
Detenía la cuna donde se posó un mosquito.
Y suspiraba… ¡cómo duerme!

En la lejanía mi padre cabalgaba
por los matorrales sin fin de la hacienda.

Y yo no sabía que mi historia
era más bella que la de Robinson Crusoe.

No meio do caminho

No meio do caminho tinha uma pedra
tinha uma pedra no meio do caminho
tinha uma pedra
no meio do caminho tinha uma pedra.

Nunca me esquecerei dêsse acontecimento
no vida de minhas retinas tão fatigadas.
Nunca me esquecerei que no meio do caminho
tinha uma pedra
tinha uma pedra no meio do caminho
no meio do caminho tinha uma pedra.

En medio del camino

En medio del camino había una piedra
había una piedra en medio del camino
había una piedra
en medio del camino había una piedra.

Nunca olvidaré ese acontecimiento
en la vida de mis retinas tan cansadas.
Nunca olvidaré que en medio del camino
había una piedra
había una piedra en medio del camino
en medio del camino había una piedra.

Retrato de família

Este retrato de família
está um tanto empoeirado.
Já não se vê no rosto do pai
quanto dinheiro êle ganhou.

Nas mãos dos tios não se percebem
as viagens que ambos fizeram.
A avó ficou lisa, amarela,
sem memórias da monarquia.

Os meninos, como estão mudados.
O rosto de Pedro é tranqüilo,
usou os melhores sonhos.
E João não é mais mentiroso.

O jardim tornou-se fantástico.
As flôres são placas cinzentas.
E a areia, sob pés extintos,
é um oceano de névoa.

No semicírculo das cadeiras
nota-se certo movimento.
As crianças trocam de lugar,
mas sem barulho: é um retrato.

Vinte anos é um grande tempo.
Modela qualquer imagem.
Se uma figura vai murchando,
outra, sorrindo, se propõe.

Êsses estranhos assentados,
meus parentes? Não acredito.

Retrato de familia

Este retrato de familia
está algo polvoriento.
Ya no se ve en el rostro del padre
cuanto dinero ganó.

En las manos de los tíos no se perciben
los viajes que ambos hicieron.
La abuela quedó desvanecida, amarilla,
sin recuerdos de la monarquía.

Los niños, cómo han cambiado.
El rostro de Pedro es tranquilo,
usó los mejores sueños.
Y João ya no es un mentiroso.

El jardín se volvió fantástico.
Las flores son placas cenicientas.
Y la arena, bajo los pies extintos,
es un océano de niebla.

En el semicírculo de las sillas
se advierte cierto movimiento.
Los niños cambian de lugar,
pero sin ruido: es un retrato.

Veinte años es mucho tiempo.
Modela cualquier imagen.
Si una figura se marchita
otra aparece, sonriendo.

Esos extraños sentados,
¿son mis parientes? No lo creo.

São visitas se divertindo
numa sala que se abre pouco.

Ficaram traços da família
perdidos no jeito dos corpos.
Bastante para sugerir
que um corpo é cheio de surprêsas.

A moldura dêste retrato
em vão prende suas personagens.
Estão ali voluntàriamente,
saberiam — se preciso — voar.

Poderiam sutilizar-se
no claro-escuro do salão,
ir morar no fundo dos móveis
ou no bôlso de velhos colêtes.

A casa tem muitas gavetas
e papéis, escadas compridas.
Quem sabe a malícia das coisas,
quando a matéria se aborrece?

O retrato não me responde,
êle me fita e se contempla
nos meus olhos empoeirados.
E no cristal se multiplicam

os parentes mortos e vivos.
Já não distingo os que se foram
dos que restaram. Percebo apenas
a estranha idéia de família

viajando através da carne.

Son visitas que se divierten
en una sala que raramente se abre.

Quedaron rasgos de la familia
perdidos en la forma de los cuerpos.
Suficiente para sugerir
que un cuerpo está lleno de sorpresas.

El marco de este retrato
en vano atrapa a sus personajes.
Están allí voluntariamente,
sabrían — si fuera necesario— volar.

Podrían hacerse sutiles
en el claroscuro de la sala,
vivir en el fondo de los muebles
o en el bolsillo de los viejos chalecos.

La casa tiene muchos cajones
y papeles, escaleras largas.
¿Quién conoce la malicia de las cosas
cuando la materia se aburre?

El retrato no me responde,
me mira y se contempla
en mis ojos polvorientos.
Y en el cristal se multiplican

los parientes muertos y vivos.
Ya no distingo a los que se fueron
de los que quedan. Percibo apenas
la extraña idea de una familia

viajando a través de la carne.

VINÍCIUS DE MORAES

Canção

Não leves nunca de mim
A filha que tu me deste
A doce, úmida, tranqüila
Filhinha que tu me deste
Deixa-a, que bem me persiga
Seu balbucio celeste.
Não leves; deixa-a comigo
Que bem me persiga, a fim
De que eu não queira comigo
A primogênita em mim
A fria, sêca, encruada
Filha que a morte me deu
Que vive dessedentada
Do leite que não é seu
E que de noite me chama
Com a voz mais triste que há
E pra dizer que me ama
E pra chamar-me de pai.
Não deixes nunca partir
A filha que tu me deste
A fim de que eu não prefira
A outra, que é mais agreste
Mas que não parte de mim.

Canción

No alejes nunca de mí
La hija que tú me diste
La dulce, húmeda, tranquila
Hijita que tú me diste
Déjala, deja que me persiga
su balbuceo celeste.
No la alejes; déjala conmigo
Y que me persiga, a fin
De que yo no quiera conmigo
La primogénita en mí
La fría, seca, cruda
Hija que la muerte me dio
Que vive saciada
De la leche que no es suya
Y que de noche me llama
Con la voz más triste que existe
Para decir que me ama
Y para llamarme papá.
No dejes nunca partir
A la hija que me diste
A fin de que no prefiera
A la otra, más huraña
Pero que nunca me abandona.

Sonêto de fidelidade

De tudo, ao meu amor serei atento
Antes, e com tal zêlo, e sempre, e tanto
Que mesmo em face do maior encanto
Dêle se encante mais meu pensamento.

Quero vivê-lo em cada vão momento
E em seu louvor hei de espalhar meu canto
E rir meu riso e derramar meu pranto
Ao seu pesar ou seu contentamento.

E assim, quando mais tarde me procure
Quem sabe a morte, angústia de quem vive
Quem sabe a solidão, fim de quem ama

Eu possa me dizer do amor (que tive):
Que não seja imortal, pôsto que é chama
Mas que seja infinito enquanto dure.

Soneto de la fidelidad

De todo, a mi amor estaré atento
Antes, y con tal celo, y siempre, y tanto
Que incluso ante el mayor encanto
De él se encante más mi pensamiento.

Quiero vivirlo en cada vano momento
Y en su honor he de esparcir mi canto
Y reír mi risa y derramar mi llanto
A su pesar o en busca de su felicidad.

Y así, cuando más tarde me busque
Quién sabe si la muerte, angustia de quien vive
Quién sabe si la soledad, fin de quien ama

Pueda decirme del amor (que tuve):
Que no sea inmortal, puesto que es llama
Pero que sea infinito mientras dure.

A pêra

Como de cêra
E por acaso
Fria no vaso
A entardecer

A pêra é um pomo
Em holocausto
À vida, como
Um seio exausto

Entre bananas
Supervenientes
E maçãs lhanas

Rubras, contentes
A pobre pêra:
Quem manda ser a?

La pera

Como de cera
Y por azar
Fría en el frutero
Al atardecer.

La pera es un fruto
En holocausto
A la vida, como
Un seno exhausto

Entre plátanos
Supervivientes
Y manzanas cándidas

Rubicundas, contentas
La pobre pera:
¿Quién le mandará existir?

Poema de natal

Para isso fomos feitos:
Para lembrar e ser lembrados,
Para chorar e fazer chorar,
Para enterrar os nossos mortos —
Por isso temos braços longos para os adeuses,
Mãos para colher o que foi dado,
Dedos para cavar a terra.

Assim será nossa vida;
Uma tarde sempre a esquecer,
Uma estrêla a se apagar na treva,
Um caminho entre dois túmulos —
Por isso precisamos velar,
Falar baixo, pisar leve, ver
A noite dormir em silêncio.

Nao há muito que dizer:
Uma canção sôbre um berço,
Um verso, talvez, de amor,
Uma prece por quem se vai —
Mas que essa hora não esqueça
E que por ela os nossos corações
Se deixem, graves e simples.

Pois para isso fomos feitos:
Para a esperança no milagre,
Para a participação da poesia,
Para ver a face da morte —
De repente, nunca mais esperaremos...
Hoje a noite é jovem; da morte apenas
Nascemos, imensamente.

Poema de navidad

Para eso fuimos hechos:
Para recordar y ser recordados,
Para llorar y hacer llorar,
Para enterrar a nuestros muertos —
Por eso tenemos brazos largos para los adioses,
Manos para tomar lo que fue dado,
Dedos para cavar la tierra.

Así será nuestra vida;
Una tarde siempre a olvidar,
Una estrella que se apaga en la tiniebla,
Un camino entre dos sepulturas—
Por eso necesitamos velar,
Hablar en voz baja, pisar levemente, observar
Cómo la noche duerme en silencio.

No hay mucho que decir:
Una canción acerca de una cuna,
Un verso, tal vez, de amor,
Una oración por quien se va —
Pero que esa hora no se olvide
Y que por ella nuestros corazones
Se abandonen, graves y sencillos.

Pues para eso fuimos hechos:
Para la esperanza en el milagro,
Para compartir la poesía,
Para ver el rostro de la muerte —
De pronto, nunca más esperaremos…
Hoy la noche es joven; de la muerte sólo
Nacemos, inmensamente.

Sonêto de intimidade

Nas tardes da fazenda há muito azul demais.
Eu saio às vêzes, sigo pelo pasto, agora
Mastigando um capim, o peito nu de fora
No pijama irreal de há três anos atrás.

Desço o rio no vau dos pequenos canais
Para ir beber na fonte a água fria e sonora
E se encontro no mato o rubro de uma aurora
Vou cuspindo-lhe o sangue em tôrno dos currais.

Fico ali respirando o cheiro bom do estrume
Entre as vacas e os bois que me olham sem ciúme
E quando por acaso uma mijada ferve

Seguida de um olhar não sem malícia e verve
Nós todos, animais, sem comoção nenhuma
Mijamos em comum numa festa de espuma.

Soneto de la intimidad

En las tardes de la hacienda hay demasiado azul.
Yo salgo algunas veces, voy por el pasto, ahora
Masticando una brizna de hierba, el pecho desnudo
Con el pijama irreal de hace tres años.

Desciendo el río por el vado de los pequeños canales
Para ir a beber en la fuente el agua fría y sonora
Y si encuentro en la maleza la encarnada aurora
Le escupo sangre en torno de los corrales.

Permanezco ahí respirando la fragancia del estiércol
Entre las vacas y los bueyes que me miran sin recelo
Y cuando por casualidad una meada hierve

Seguida de una mirada no sin malicia y euforia
Todos nosotros, animales, sin conmoción alguna
Meamos juntos en una fiesta de espuma.

Receita de mulher

As muito feias que me perdoem
Mas beleza é fundamental. É preciso
Que haja qualquer coisa de flor em tudo isso
Qualquer coisa de dança, qualquer coisa de haute couture
Em tudo isso (ou então
Que a mulher se socialize elegantemente em azul, como na
    República Popular Chinesa).
Não há meio-têrmo possível. É preciso
Que tudo isso seja belo. E preciso que súbito
Tenha-se a impressão de ver uma garça apenas pousada e que um
    rosto
Adquira de vez em quando essa côr só encontrável no terceiro
    minuto da aurora.
É preciso que tudo isso seja sem ser, mas que se reflita e desabroche
No olhar dos homens. É preciso, é absolutamente
    preciso
Que seja tudo belo e inesperado. É preciso que umas pálpebras
    cerradas
Lembrem um verso de Éluard e que se acaricie nuns braços
Alguma coisa além da carne: que se os toque
Como ao âmbar de uma tarde. Ah, deixai-me dizer-vos
Que é preciso que a mulher que ali está como a corola ante
    o pássaro
Seja bela ou tenha pelo menos um rosto que lembre um templo e
Seja leve como um resto de nuvem: mas que seja uma nuvem
Com olhos e nádegas. Nádegas é importantíssimo. Olhos, então
Nem se fala, que olhem com certa maldade inocente. Uma bôca
Fresca (nunca úmida!) é também de extrema pertinência.
É preciso que as extremidades sejam magras; que uns ossos
Despontem, sobretudo a rótula no cruzar das pernas, e as pontas
    pélvicas
No enlaçar de uma cintura semovente,

Receta de mujer

Que las muy feas me perdonen
Pero la belleza es fundamental. Es necesario
Que haya algo de flor en todo eso
Algo de danza, algo de *haute couture*
En todo eso (o sino
Que la mujer se socialice elegantemente en azul, como en la
     República Popular China).
No hay término medio posible. Es necesario
Que todo eso sea bello. Es necesario que de improviso
Se tenga la impresión de ver una garza que acaba de posarse y que
     un rostro
Adquiera de vez en cuando ese color que sólo se da en el tercer
     minuto de la aurora.
Es necesario que todo eso sea sin ser, pero que sea y se manifieste
En la mirada de los hombres. Es necesario, es absolutamente
     imprescindible
Que todo sea bello e inesperado. Es necesario que unos párpados
     cerrados
Recuerden un verso de Éluard y que se acaricie en unos brazos
Algo más allá de la carne: que se los toque
Como al ámbar de una tarde. Ah, dejadme deciros
Que es necesario que la mujer que aparece como la corola ante el
     pájaro
Sea bella o tenga al menos un rostro que recuerde un templo y
Sea leve como un resto de nube: pero que sea una nube
Con ojos y nalgas. Las nalgas son importantísimas, por no hablar
De los ojos, que deben mirar con cierta maldad inocente. Una boca
Fresca (nunca húmeda) es también extremadamente pertinente.
Es necesario que las extremidades sean delgadas; que algunos huesos
Despunten, sobre todo la rótula al cruzar las piernas y las puntas de
     la pelvis
Al enlazar una cintura ondulante,

Gravíssimo é, porém, o problema das saboneteiras: uma mulher sem
   saboneteiras
É como um rio sem pontes. Indispensável
Que haja uma hipótese de barriguinha, e em seguida
A mulher se alteie em cálice, e que seus seios
Sejam uma expressão greco-romana, mais que gótica ou barrôca
E possam iluminar o escuro com uma capacidade mínima
   de 5 velas.
Sobremodo pertinaz é estarem a caveira e a coluna vertebral
Levemente à mostra; e que exista um grande latifúndio dorsal!
Os membros que terminem como hastes, mas bem haja um certo
   volume de coxas
E que elas sejam lisas, lisas como a pétala e cobertas de suavíssima
   penugem
No entanto, sensível à carícia em sentido contrário.
É aconselhável na axila uma doce relva com aroma próprio
Apenas sensível (um mínimo de produtos farmacêuticos!)
Preferíveis sem dúvida os pescoços longos
De forma que a cabeça dê por vêzes a impressão
De nada ter a ver com o corpo, e a mulher não lembre
Flôres sem mistério. Pés e mãos devem conter elementos góticos
Discretos. A pele deve ser fresca nas mãos, nos braços, no dorso e na
   face
Mas que as concavidades e reentrâncias tenham uma temperatura
   nunca inferior
A 37° centígrados, podendo eventualmente provocar queimaduras
Do 1° grau. Os olhos, que sejam de preferência grandes
E de rotação pelo menos tão lenta quanto a da Terra; e
Que se coloquem sempre para lá de um invisível muro de paixão
Que é preciso ultrapassar. Que a mulher seja em princípio alta
Ou, caso baixa, que tenha a atitude mental dos altos
   píncaros.
Ah, que a mulher dê sempre a impressão de que, se se fechar
   os olhos

Gravísimo es, sin embargo, el problema de las fosas claviculares:
   una mujer sin ellas
Es como un río sin puentes. Es indispensable
Que haya una hipótesis de barriguita, y en seguida
La mujer se alce en cáliz, y que sus senos
Sean una expresión greco-romana, más que gótica o barroca,
Y puedan iluminar la oscuridad con una capacidad mínima
   de 5 vatios .
Es de suma importancia que el cráneo y la columna vertebral
Se muestren levemente; ¡y que exista un gran latifundio dorsal!
Los miembros que terminen en astas, y que los muslos tengan
   cierto volumen:
Que sean lisos, lisos como un pétalo y cubiertos de suavísimo
   vello,
Y sin embargo, sensible a la caricia en sentido contrario.
Es aconsejable en la axila una suave hierba con aroma propio
Apenas sensible (¡un mínimo de productos farmacéuticos!)
Preferibles sin duda los cuellos largos
De manera que la cabeza dé a veces la impresión
De no tener nada que ver con el cuerpo, y la mujer no evoque
Flores sin misterio. Pies y manos deben contener elementos góticos
Discretos. La piel debe ser fresca en las manos, brazos, espalda y
   rostro,
Pero en las concavidades y huecos la temperatura nunca debe ser
   inferior
A 37° centígrados, pudiendo eventualmente provocar quemaduras
De primer grado. Los ojos, que sean preferentemente grandes
Y de rotación por lo menos tan lenta como la de la tierra; y
Que estén siempre más allá de un invisible muro de pasión
Que sea necesario sobrepasar. Que la mujer sea en principio alta
O, caso de que sea bajita, que tenga la actitud mental de las cumbres
   elevadas.
Ah, que la mujer dé siempre la impresión de que si cerramos
   los ojos

Ao abri-los ela não mais estará presente
Com seu sorriso e suas tramas. Que ela surja, não venha: parta,
    não vá
E que possua uma certa capacidade de emudecer sùbitamente e nos
    fazer beber
O fel da dúvida. Oh, sobretudo
Que ela não perca nunca, não importa em que mundo
Não importa em que circunstâncias, a sua infinita volubilidade
De pássaro; e que acariciada no fundo de si mesma
Transforme-se em fera sem perder sua graça de ave; e que exale
    sempre
O impossível perfume; e destile sempre
O embriagante mel; e cante sempre o inaudível canto
Da sua combustão; e não deixe de ser nunca a eterna dançarina
Do efêmero; e em sua incalculável imperfeição
Constitua a coisa mais bela e mais perfeita de tôda a criação
    inumerável.

Al abrirlos ella no estará presente
Con su sonrisa y sus tramas. Que surja, no que venga: que parta,
    no que vaya
Y que posea una cierta capacidad de enmudecer súbitamente y
    hacernos beber
La hiel de la duda. Oh, sobre todo
Que no pierda nunca, no importa en qué mundo
No importa en qué circunstancias, su infinita volubilidad
De pájaro; y que acariciada en el fondo de sí misma
Se transforme en fiera sin perder su gracia de ave; y que exhale
    siempre
Un perfume imposible; y que destile siempre
Embriagante miel; y que cante siempre el inaudible canto
De su ardor; y que no deje nunca de ser la eterna bailarina
De lo efímero; y que en su incalculable imperfección
Constituya la cosa más bella y más perfecta de toda la creación
    innumerable.

Sonêto de separação

De repente do riso fêz-se o pranto
Silencioso e branco como a bruma
E das bôcas unidas fêz-se a espuma
E das mãos espalmadas fêz-se o espanto.

De repente da calma fêz-se o vento
Que dos olhos desfez a última chama
E da paixão fêz-se o pressentimento
E do momento imóvel fêz-se o drama.

De repente, não mais que de repente
Fêz-se de triste o que se fêz amante
E de sòzinho o que se fêz contente.

Fêz-se do amigo próximo o distante
Fêz-se da vida uma aventura errante
De repente, não mais que de repente.

Soneto de la separación

De pronto de la risa surgió el llanto
Silencioso y blanco como la bruma
Y de las bocas unidas nació la espuma
Y en las manos abiertas se formó el espanto.

De pronto de la calma nació el viento
Que de los ojos apagó la última llama
Y de la pasión surgió el presentimiento
Y del momento inmóvil se hizo el drama.

De pronto, no más que de repente
Se volvió triste lo que fue amante
Y solitario lo que fue contento.

Se hizo el amigo próximo distante
La vida se volvió aventura errante
De repente, nada más que de repente.

MAURO MOTA

O galo

È a noite negra e é o galo rubro,
da madrugada o industrial.
É a noite negra sôbre o mundo
e o galo rubro no quintal.

A noite desce, o galo sobe,
plumas de fogo e de metal,
desfecha golpe sôbre golpe
na treva indimensional.

Afia os esporões e o bico,
canta o seu canto auroreal.
O galo inflama-se e fabrica
a madrugada no quintal.

El gallo

Es la noche negra y es el gallo rojo
de la madrugada industrial.
Es la noche negra sobre el mundo
y es un gallo rojo en el patio.

La noche desciende, el gallo asciende,
plumas de fuego y de metal,
lanza golpe sobre golpe
en la tiniebla inabarcable.

Afila los espolones y el pico,
canta su canto de aurora.
El gallo se inflama y fabrica
la madrugada en el patio.

JOÃO CABRAL DE MELO NETO

Espaço jornal

No espaço jornal
a sombra come a laranja
a laranja se atira no rio,
não é um rio, é o mar
que transborda de meu ôlho.

No espaço jornal
nascendo do relógio
vejo mãos, não palavras,
sonho alta noite a mulher
tenho a mulher e o peixe.

No espaço jornal
esqueço o lar o mar
perco a fome a memória
me suicido inùtilmente
no espaço jornal.

Espacio cotidiano

En el espacio cotidiano
la sombra come la naranja
la naranja se arroja al río,
no es un río, es el mar
que desborda mi ojo.

En el espacio cotidiano
naciendo del reloj
veo manos, no palabras,
sueño de madrugada con la mujer,
tengo a la mujer y al pez.

En el espacio cotidiano
olvido hogar y mar
pierdo el hambre y la memoria
me suicido inútilmente
en el espacio cotidiano.

Janelas

Há um homem sonhando
numa praia; um outro
que nunca sabe as datas;
há um homem fugindo
de uma árvore; outro que perdeu
seu barco ou seu chapéu;
há um homem que é soldado;
outro que faz de avião;
outro que vai esquecendo
sua hora seu mistério
seu mêdo da palavra véu;
e em forma de navio
há ainda um que adormeceu.

Ventanas

Hay un hombre soñando
en una playa: otro
que nunca sabe las fechas;
hay un hombre que huye
de un árbol; otro que ha perdido
su barco o su sombrero;
hay un hombre que es soldado;
otro que viaja en avión;
otro que va olvidando
su hora su misterio
su miedo a la palabra velo;
y en forma de navío
hay aún otro otro que duerme.

Poema

Meus olhos têm telescópios
espiando a rua,
espiando minha alma
longe de mim mil metros.

Mulheres vão e vêm nadando
em rios invisíveis.
Automóveis como peixes cegos
compõem minhas visões mecânicas.

Há vinte anos não digo a palavra
que sempre espero de mim.
Ficarei indefinidamente contemplando
meu retrato eu morto.

Poema

Mis ojos tienen telescopios
que espían la calle,
que espían mi alma
a mil metros de mí.

Mujeres van y vienen nadando
en ríos invisibles.
Automóviles como peces ciegos
componen mis visiones mecánicas.

Hace veinte años no digo la palabra
que siempre espero de mí.
Me quedaré indefinidamente contemplando
mi retrato yo muerto.

O fim do mundo

No fim de um mundo melancólico
os homens lêem jornais.
Homens indiferentes a comer laranjas
que ardem como o sol.

Me deram uma maçã para lembrar
a morte. Sei que cidades telegrafam
pedindo querosene. O véu que olhei voar
caíu no deserto.

O poema final ninguém escreverá
dêsse mundo particular de doze horas.
Em vez de juízo final a mim me preocupa
o sonho final.

El fin del mundo

Al final de un mundo melancólico
los hombres leen periódicos.
Hombres indiferentes comen naranjas
que arden como el sol.

Me dieron una manzana para que recordara
la muerte. Sé que hay ciudades que telegrafían
pidiendo queroseno. El velo que vi volar
cayó en el desierto.

Nadie escribirá el poema final
de este mundo particular de doce horas.
En vez del juicio final a mí me preocupa
el sueño final.

Cemitério pernambucano
(Nossa Senhora da Luz)

Nesta terra ninguém jaz,
pois também não jaz um rio
noutro rio, nem o mar
é cemitério de rios.

Nenhum dos mortos daqui
vem vestido de caixão.
Portanto, êles não se enterram,
são derramados no chão.

Vêm em rêdes de varandas
abertas ao sol e à chuva.
Trazem suas próprias môscas.
O chão lhes vai como luva.

Mortos ao ar-livre, que eram,
hoje à terra-livre estão.
São tão da terra que a terra
nem sente sua intrusão.

Cementerio pernambucano
(Nuestra Señora de la Luz)

En esta tierra nadie yace,
pues tampoco yace ningún río
en otro río, ni el mar
es cementerio de ríos.

Ninguno de los muertos de aquí
viene vestido de ataúd.
Por lo tanto, ellos no se entierran,
son arrojados en el suelo.

Vienen en hamacas
abiertas al sol y a la lluvia.
Traen sus propias moscas.
El suelo les sienta como un guante.

Muertos al aire libre como eran,
hoy en la tierra-libre están.
Son tan de la tierra que la tierra
no les trata como a intrusos.

Cemitério pernambucano
(São Lourenço da Mata)

É cemitério marinho
mas marinho de outro mar.
Foi aberto para os mortos
que afoga o canavial.

As covas no chão parecem
as ondas de qualquer mar,
mesmo os de cana, lá fora,
lambendo os muros de cal.

Pois que os carneiros de terra
parecem ondas de mar,
não levam nomes: uma onda
onde se viu batizar?

Também marinho: porque
as caídas cruzes que há
são menos cruzes que mastros
quando a meio naufragar.

Cementerio pernambucano
(San Lorenzo da Mata)

Es cementerio marino
mas marino de otro mar.
Fue abierto para los muertos
que ahoga el cañaveral.

Los hoyos en el suelo parecen
las olas de cualquier mar,
incluso los de caña, allá afuera,
que lamen los muros de cal.

Los osarios en la tierra
parecen olas de mar,
no llevan nombres: ¿dónde
se ha visto bautizar a una ola?

También marino: porque
las cruces caídas
son menos cruces que mástiles
a punto de naufragar.

Morte e vida severina
(auto de natal pernambucano, 1954-1955)

I
O retirante explica ao leitor quem é e a que vai

— O meu nome é Severino,
não tenho outro de pia.
Como há muitos Severinos,
que é santo de romaria,
deram então de me chamar
Severino de Maria;
como há muitos Severinos
com mães chamadas Maria,
fiquei sendo o da Maria
do finado Zacarias.
Mas isso ainda diz pouco:
há muitos na freguesia,
por causa de um coronel
que se chamou Zacarias
e que foi o mais antigo
senhor desta sesmaria.
Como então dizer quem fala
ora a Vossas Senhorias?
Vejamos: é o Severino
da Maria do Zacarias,
lá da serra da Costela,
limites da Paraíba.
Mas isso ainda diz pouco:
se ao menos mais cinco havia
com nome de Severino
filhos de tantas Marias
mulheres de outros tantos,
já finados, Zacarias,

Muerte y vida severina
(auto de navidad pernambucano, 1954-1955)

I
El emigrante explica a los lectores quién es y a qué viene

— Mi nombre es Severino,
no tengo más que ese.
Como hay muchos Severinos
(que es santo de romería)
dieron entonces en llamarme
Severino el de María;
como hay muchos Severinos
nacidos de una María,
acabé por ser el de María
la del difunto Zacarías.
Mas eso aún dice poco:
hay muchos en la parroquia,
por culpa de un coronel
llamado Zacarías
que fue el más antiguo
señor de esta tierra baldía.
¿Cómo, entonces, decir quién habla
ahora a Vuestras Señorías?
Veamos: el Severino
de María la de Zacarías,
allá el de la sierra de Costela,
al pie de la Paraíba.
Mas lo dicho dice poco:
por lo menos cinco había
llamados Severino
hijos de tantas Marías
mujeres de otros tantos,
ya difuntos, Zacarías,

vivendo na mesma serra
magra e ossuda em que eu vivia.
Somos muitos Severinos
iguais em tudo na vida:
na mesma cabeça grande
que a custo é que se equilibra,
no mesmo ventre crescido
sôbre as mesmas pernas finas,
e iguais também porque o sangue
que usamos tem pouca tinta.
E se somos Severinos
iguais em tudo na vida,
morremos de morte igual,
mesma morte severina:
que é a morte de que se morre
de velhice antes dos trinta,
de emboscada antes dos vinte,
de fome um pouco por dia
(de fraqueza e de doença
é que a morte severina
ataca em qualquer idade,
e até gente não nascida).
Somos muitos Severinos
iguais em tudo e na sina:
a de abrandar estas pedras
suando-se muito em cima,
a de tentar despertar
terra sempre mais extinta,
a de querer arrancar
algum roçado da cinza.
Mas, para que me conheçam
melhor Vossas Senhorias
e melhor possam sequir
a história de minha vida,

viviendo en la misma sierra
pelona y huesuda en que yo vivía.
Somos muchos Severinos
iguales, en esta vida:
esta cabeza grande
que apenas se equilibra,
el mismo vientre crecido
sobre iguales piernas finas,
y iguales en que nuestra sangre
tiene también poca tinta.
Y si somos Severinos
iguales toda la vida,
morimos de muerte igual,
misma muerte severina:
que es la muerte de que se muere
de vejez antes de los treinta,
de emboscada antes de los veinte,
de hambre todos los días
(de flaqueza y achaques
esta muerte severina
ataca a cualquier edad,
y hasta a gente aún no nacida).
Somos muchos Severinos
con igual sino en la vida:
el de ablandar estas piedras
sudándose mucho encima,
el de intentar despertar
a esta tierra extinta,
el de querer arrancar
cultivos a la ceniza.
Mas, para que me conozcan
mejor Vuestras Señorías
y mejor puedan seguir
el relato de mi vida,

passo a ser o Severino
que em vossa presença emigra.

paso a ser el Severino
que en vuestra presencia emigra.

II.

Encontra dois homens carregando um defunto numa rêde, aos gritos de: "ó irmãos das almas! Irmãos das almas! Não fui eu que matei não!"

— A quem estais carregando,
irmãos das almas,
embrulhado nessa rêde?
dizei que eu saiba.
— A um defunto de nada,
irmão das almas,
que há muitas horas viaja
à sua morada.
— E sabeis quem era êle,
irmãos das almas,
sabeis como êle se chama
ou se chamava?
— Severino Lavrador,
irmão das almas,
Severino Lavrador,
mas já não lavra.
— E de onde que o estais trazendo,
irmãos das almas,
onde foi que começou
vossa jornada?
— Onde a Caatinga é mais sêca,
irmão das almas,
onde uma terra que não dá
nem planta brava.
— E foi morrida essa morte,
irmãos das almas,
essa foi morte morrida
ou foi matada?
— Até que não foi morrida,

II.
Encuentra a dos hombres cargando un difunto en una hamaca,
al grito de: "¡oh hermanos de las almas! ¡Hermanos de las almas!
¡No fui yo el que lo mató, no!

— ¿A quién estáis cargando,
hermanos de las almas,
envuelto en esa hamaca?
Decid para que yo lo sepa.
— A un difunto de nada,
hermano de las almas,
que hace muchas horas viaja
hacia su morada.
— ¿Y sabéis quién era él,
hermanos de las almas,
sabéis cómo él se llama
o se llamaba?
— Severino Labrador,
hermano de las almas,
Severino Labrador,
mas ya no labra.
— ¿Y de dónde lo traéis,
hermanos de las almas,
dónde fue que comenzó
vuestra jornada?
— Donde la Caatinga es más seca,
hermano de las almas,
de una tierra que no da
ni siquiera plantas salvajes.
— ¿Y fue natural esa muerte,
hermanos de las almas,
esa fue muerte natural
o fue muerte causada?
— Hasta que no se murió,

irmão das almas,
esta foi morte matada,
numa emboscada.
— E o que guardava a emboscada,
irmãos das almas,
e com que foi que o mataram,
com faca ou bala?
— Êste foi morto de bala,
irmão das almas,
mais garantido é de bala,
mais longe vara.
— E quem foi que o emboscou,
irmãos das almas,
quem contra êle soltou
essa ave-bala?
— Ali é difícil dizer,
irmão das almas,
sempre há uma bala voando
desocupada.
— E o que havia êle feito
irmãos das almas,
e o que havia êle feito
contra a tal pássara?
— Ter uns hectares de terra,
irmão das almas,
de pedra e areia lavada
que cultivava.
— Mas que roças que êle tinha,
irmãos das almas,
que podia êle plantar
na pedra avara?
— Nos magros lábios de areia,
irmão das almas,
dos intervalos das pedras,

hermano de las almas,
esta fue muerte causada,
en una emboscada.
— ¿Y qué aguardaba en la emboscada,
hermanos de las almas,
y cómo fue que lo mataron,
con cuchillo o bala?
— Éste fue muerto de bala,
hermano de las almas,
segurísimo, fue de bala
que de lejos dispararon.
— ¿Y quién fue que lo emboscó,
hermanos de las almas,
quién contra él disparó
esa ave-bala?
— Eso es difícil decirlo,
hermano de las almas,
siempre hay una bala volando
desocupada.
— ¿Y qué había hecho él
hermanos de las almas,
y qué había hecho él
contra la tal pájara?
— Tener unas hectáreas de tierra,
hermano de las almas,
de piedra y arena lavada
que cultivaba.
— ¿Pero qué campos tenía él,
hermanos de las almas,
qué podía plantar
en la piedra avara?
— En los flacos labios de arena,
hermano de las almas,
en intervalos de piedras,

plantava palha.
— E era grande sua lavoura,
irmãos das almas,
lavoura de muitas covas,
tão cobiçada?
— Tinha sòmente dez quadros,
irmão das almas,
todos nos ombros da serra,
nenhuma várzea.
— Mas então por que o mataram,
irmãos das almas,
mas então por que o mataram
com espingarda?
— Queria mais espalhar-se,
irmão das almas,
queria voar mais livre
essa ave-bala.
— E agora o que passará,
irmãos das almas,
o que é que acontecerá
contra a espingarda?
— Mais campo tem para soltar,
irmão das almas,
tem mais onde fazer voar
as filhas-bala.
— E onde o levais a enterrar,
irmãos das almas,
com a semente de chumbo
que tem guardada?
— Ao cemitério de Tôrres,
irmão das almas,
que hoje se diz Toritama,
de madrugada.
— E poderei ajudar,

sembraba paja.
— ¿Y era grande su labor,
hermanos de las almas,
labor de muchos hoyos,
tan codiciada?
— Tenía sólo diez metros cuadrados,
hermano de las almas,
todos en los hombros de la sierra,
ninguna campiña.
— ¿Entonces por qué lo mataron,
hermanos de las almas,
entonces por qué lo mataron
con fuego de arma?
— Quería dispersarse,
hermano de las almas,
quería volar más libre
esa ave-bala.
— ¿Y ahora qué pasará,
hermanos de las almas,
qué ocurrirá
contra el fuego del arma?
— Más campo tiene para soltar,
hermano de de las almas,
tiene más dónde hacer volar
a las hijas-bala.
— ¿Y dónde lo lleváis a enterrar,
hermanos de las almas,
con la simiente de plomo
que trae guardada?
— Al cementerio de Torres,
hermano de las almas,
que hoy se dice Toritama,
de madrugada.
— ¿Y podré ayudar,

irmãos das almas?
vou passar por Toritama,
é minha estrada.
— Bem que poderá ajudar,
irmão das almas,
é irmão das almas quem ouve
nossa chamada.
— E um de nós pode voltar,
irmão das almas,
pode voltar daqui mesmo
para sua casa.
— Vou eu, que a viagem é longa,
irmãos das almas,
é muito longa a viagem
e a serra é alta.
— Mais sorte tem o defunto,
irmãos das almas,
pois já não fará na volta
a caminhada.
— Toritama não cai longe,
irmão das almas,
seremos no campo santo
de madrugada.
— Partamos enquanto é noite,
irmão das almas,
que é o melhor lençol dos mortos
noite fechada.

hermanos de las almas?
Pasaré por Toritama,
está en mi camino.
— Bien que podrá ayudar,
hermano de las almas,
es hermano de las almas quien oye
nuestra llamada.
— Y uno de nosotros puede volver,
hermano de las almas,
puede volver aquí mismo
para su casa.
— Voy yo, que el viaje es largo,
hermanos de las almas,
es muy lejano el viaje
y la sierra es alta.
— Más suerte tiene el difunto,
hermanos de las almas,
pues ya hará de regreso
la caminada.
— Toritama no está lejos,
hermano de las almas,
estaremos en el camposanto
de madrugada.
— Partamos mientras sea de noche,
hermano de las almas,
que es el mejor sudario de los muertos
noche cerrada.

XIV.

Aparecem e se aproximam da casa do homem vizinhos, amigos, duas ciganas, etc.

— Todo o céu e a terra
lhe cantam louvor.
Foi por êle que a maré
esta noite não baixou.
Foi por êle que a maré
fêz parar o seu motor:
a lama ficou coberta
e o mau-cheiro não voou.
— E a alfazema do sargaço,
ácida, desinfetante,
veio varrer nossas ruas
enviada do mar distante.
— E a língua sêca de esponja
que tem o vento terral
veio enxugar a umidade
do encharcado lamaçal.
— Todo o céu e a terra
lhe cantam louvor
e cada casa se torna
num mucambo sedutor.
— Cada casebre se torna
no mucambo modelar
que tanto celebram os
sociólogos do lugar.
— E a banda de maruins
que tôda noite se ouvia
pro causa dêle, esta noite,
creio que não irradia.
— E êste rio de água cega,
ou baça, de comer terra,

XIV.
Aparecen y se aproximan a la casa del hombre vecinos, amigos, dos gitanas, etcétera

— Todo el cielo y la tierra
le cantan loas.
Fue por él que la marea
esta noche no bajó.
Fue por él que la marea
hizo parar su motor:
de lama quedó cubierta
y el mal olor no escapó.
— Y el arbusto del sargazo,
ácido, desinfectante,
vino a barrer nuestras calles
enviado por el mar distante.
— Y la lengua seca de esponja
que tiene el viento terrenal
vino a enjuagar la humedad
de la encharcada ciénaga.
— Todo el cielo y la tierra
le cantan loas
y cada casa se convierte
en un refugio acogedor.
— Cada casucha se convierte
en el refugio ejemplar
que tanto celebran los
sociólogos del lugar.
— Y la banda de mosquitos
que toda la noche se oyó
a causa de él, aquella noche,
creo que no cesó.
— Y este río de agua ciega,
sin brillo por comer tierra,

que jamais espelha o céu,
hoje enfeitou-se de estrêlas.

que jamás refleja el cielo,
hoy se adornó de estrellas.

Imitação da água

De flanco sôbre o lençol,
paisagem já tão marinha,
a uma onda deitada,
na praia, te parecias.

Uma onda que parava
ou melhor: que se continha;
que contivesse um momento
seu rumor de fôlhas líquidas.

Uma onda que parava
naquela hora precisa
em que a pálpebra da onda
cai sôbre a própria pupila.

Uma onda que parara
ao dobrar-se, interrompida,
que imóvel se interrompesse
no alto de sua crista

e se fizesse montanha
(por horizontal e fixa),
mas que ao se fazer montanha
continuasse água ainda.

Uma onda que guardasse
na praia cama, finita,
a natureza sem fim
do mar de que participa,

e em sua imobilidade,
que precária se adivinha,

Imitación del agua

De costado sobre la sábana
paisaje ya tan marino,
a una ola tumbada
en la playa te parecías.

Una ola detenida
o mejor: que se contenía;
que contuviese un momento
su rumor de hojas líquidas.

Una ola detenida
en aquella hora precisa
en que el párpado de la ola
cae sobre la propia pupila.

Una ola detenida
al doblarse, interrumpida,
que inmóvil se interrumpiese
en lo alto de su cresta

y que se hiciese montaña
(por horizontal y fija),
mas que al hacerse montaña
fuese agua todavía.

Una ola que guardase
en la playa cama, finita,
la naturaleza sin fin
del mar del que participa,

y en su inmovilidad,
que precaria se adivina,

o dom de se derramar
que as águas faz femininas

mais o clima de águas fundas,
a intimidade sombria
e certo abraçar completo
que dos líquidos copias.

el don de derramarse
que a las aguas hace femeninas

y el clima de aguas profundas,
la intimidad sombría
y cierto abrazar completo
que en los líquidos imitas.

As nuvens

As nuvens são cabelos
crescendo como rios;
são os gestos brancos
da cantora muda;

são estátuas em vôo
à beira de um mar;
a flora e a fauna leves
de países de vento;

são o ôlho pintado
escorrendo imóvel;
a mulher que se debruça
nas varandas do sono;

são a morte (a espera da)
atrás dos olhos fechados;
a medicina, branca!
nossos dias brancos.

Las nubes

Las nubes son cabellos
que crecen como ríos;
son los gestos blancos
de la cantante muda;

son estatuas en vuelo
a la orilla de un mar;
flora y fauna leves
de países de viento;

son el ojo pintado
resbalando inmóvil;
la mujer que se inclina
en las terrazas del sueño;

es la muerte (su espera)
tras de los ojos cerrados;
¡la medicina, blanca!
nuestros días blancos.

O mar e o canavial

O que o mar sim aprende do canavial:
a elocução horizontal de seu verso;
a geórgica de cordel, ininterrupta,
narrada em voz e silêncio paralelos.
O que o mar não aprende do canavial;
a veemência passional da preamar;
a mão-de-pilão das ondas na areia,
moída e miúda, pilada do que pilar.

O que o canavial sim aprende do mar:
o avançar em linha rasteira da onda;
o espraiar-se minucioso, de líquido,
alagando cova a cova onde se alonga.
O que o canavial não aprende do mar:
o desmedido do derramar-se da cana;
o comedimento do latifúndio do mar,
que menos lastradamente se derrama.

El mar y el cañaveral

Lo que el mar sí aprende del cañaveral:
la elocución horizontal de su verso;
la geórgica de cordel, ininterrumpida,
narrada con voz y silencios paralelos.
Lo que el mar no aprende del cañaveral:
la vehemencia pasional de la marea;
la mano del mortero de las olas en la arena,
molida y menuda, triturada por el triturador.

Lo que el cañaveral sí aprende del mar:
el avanzar con la línea a ras de la ola;
el esparcirse minucioso, del líquido,
llenando hueco a hueco donde se dilata.
Lo que el cañaveral no aprende del mar:
el desmedido derramarse de la caña;
la prudencia del latifundio del mar
que con menos lastre se derrama.

A educação pela pedra

Uma educação pela pedra: por lições;
para aprender da pedra, freqüentá-la;
captar sua voz inenfática, impessoal
(pela de dicção ela começa as aulas).
A lição de moral, sua resistência fria
ao que flui e a fluir, a ser maleada;
a de poética, sua carnadura concreta;
a de economia, seu adensar-se compacta:
lições de pedra (de fora para dentro,
cartilha muda), para quem soletrá-la.

Outra educação pela pedra: no Sertão
(de dentro para fora, e pré-didática).
No Sertão a pedra não sabe lecionar,
e se lecionasse, não ensinaria nada;
lá não se aprende a pedra: lá a pedra,
uma pedra de nascença, entranha a alma.

La educación por la piedra

Una educación por la piedra: en varias lecciones;
para aprender de la piedra, frecuentarla;
captar su voz sin énfasis, impersonal
(comienza sus lecciones por la dicción).
La lección de moral, su resistencia fría
a lo que fluye y a fluir, a ser maleable;
la de poética, su firme constitución;
la de economía, su adensarse compacto:
lecciones de piedra (de afuera hacia adentro,
cartilla muda) para quien la deletree.

Otra enseñanza de la piedra: en el Sertón
(de dentro hacia afuera, y pre-didáctica).
En el Sertón la piedra no sabe enseñar,
y si enseñase nada enseñaría;
allá no se aprende de la piedra: allá la piedra,
una piedra de nacimiento, penetra el alma.

Tecendo a manhã

Um galo sòzinho não tece uma manhã:
êle precisará sempre de outros galos.
De um que apanhe êsse grito que êle
e o lance a outro; de um outro galo
que apanhe o grito que um galo antes
e o lance a outro; e de outros galos
que com muitos outros galos se cruzem
os fios de sol de seus gritos de galo,
para que a manhã, desde uma teia tênue,
se vá tecendo, entre todos os galos.

2.
E se encorpando em tela, entre todos,
se erguendo tenda, onde entrem todos,
se entretendendo para todos, no tôldo
(a manhã) que plana livre de armação.
A manhã, toldo de um tecido tão aéreo
que, tecido, se eleva por si: luz balão.

Tejiendo la mañana

Un gallo solo no teje una mañana:
necesita siempre de otros gallos.
De uno que atrape el grito que él
lance a otro; de un gallo
que atrape el grito que antes otro gallo
arrojó a otro; y de otros gallos
que con muchos otros gallos se crucen
los hilos de sol de sus gritos de gallo,
para que la mañana, desde una trama tenue,
se vaya tejiendo, entre todos los gallos.

2.
E incorporándose a la tela, entre todos,
irguiéndose tienda, donde entren todos,
entretendiéndose para todos, en el toldo
(la mañana) que planea libre de armazón.
La mañana, toldo de un tejido tan aéreo
que, tejido, se eleva por sí misma: globo de luz.

O canavial e o mar

O que o mar sim ensina ao canavial:
o avançar em linha rasteira da onda;
o espraiar-se minucioso, de líquido,
alagando cova a cova onde se alonga.
O que o canavial sim ensina ao mar:
a elocução horizontal de seu verso;
a geórgica de cordel, ininterrupta,
narrada em voz e silêncio paralelos.

2.
O que o mar não ensina ao canavial:
a veemência passional da preamar;
a mão-de-pilão das ondas na areia,
moída e miúda, pilada do que pilar.
O que o canavial não ensina ao mar:
o desmedido do derramar-se da cana;
o comedimento do latifúndio do mar,
que menos lastradamente se derrama.

El cañaveral y el mar

Lo que el mar sí enseña al cañaveral:
el avanzar al ras de la ola;
el esparcirse minucioso, del líquido,
llenando hueco a hueco donde se dilata.
Lo que el cañaveral sí enseña al mar:
la elocución horizontal de su verso;
la geórgica de cordel, ininterrumpida,
narrada con voz y silencio paralelos.

2.
Lo que el mar no enseña al cañaveral:
la vehemencia pasional de la marea;
la mano de mortero de las olas en la arena,
molida y menuda, triturada por el triturador.
Lo que el cañaveral no enseña al mar:
el desmedido derramarse de la caña;
la prudencia del latifundio del mar,
que con menos lastre se derrama.

Uma faca só lâmina
(Fragmento)

Para Vinícius de Moraes

Assim como uma bala
enterrada no corpo,
fazendo mais espêsso
um dos lados do morto;

assim como uma bala
do chumbo mais pesado,
no músculo de um homem
pesando-o mais de um lado;

qual bala que tivesse
um vivo mecanismo,
bala que possuísse
um coração ativo

igual ao de um relógio
submerso em algum corpo,
ao de um relógio vivo
e também revoltoso,

relógio que tivesse
o gume de uma faca
e tôda a impiedade
de lâmina azulada;

assim como uma faca
que sem bôlso ou bainha
se transformasse em parte
de vossa anatomia;

Un cuchillo apenas hoja
(Fragmento)

A Vinícius de Moraes

Igual que una bala
enterrada en el cuerpo,
haciendo más espesa
una mitad del muerto;

Igual que una bala
del plomo más pesado,
en la carne de un hombre
venciéndolo de un lado;

cual bala que tuviese
un vivo mecanismo,
bala que poseyera
un corazón activo

igual al de un reloj
sumergido en un cuerpo,
como el de un reloj vivo
y también rebelde,

un reloj que tuviese
el filo de un cuchillo
y toda la impiedad
de lámina azulada;

así como un cuchillo
que sin funda o sin vaina
se transformase en parte
de vuestra anatomía;

qual uma faca íntima
ou faca de uso interno,
habitando num corpo
como o próprio esqueleto

de um homem que o tivesse,
e sempre, doloroso,
de homem que se ferisse
contra seus próprios ossos.

cual un cuchillo íntimo
o cuchillo de uso interno,
inquilino de un cuerpo
como el propio esqueleto

de un hombre que lo tuviese,
y siempre, doloroso,
del hombre que se hiriese
contra sus propios huesos.

Os vazios do homem

Os vazios do homem não sentem ao nada
do vazio qualquer: do do casaco vazio,
do da saca vazia (que não ficam de pé
quando vazios, ou o homem com vazios);
os vazios do homem sentem a um cheio
de uma coisa que inchasse já inchada;
ou ao que deve sentir, quando cheia,
uma saca: todavia não, qualquer saca.
Os vazios do homem, êsse vazio cheio,
não sentem ao que uma saca de tijolos,
uma saca de rebites; nem têm o pulso
que bate numa de sementes, de ovos.

2.

Os vazios do homem, ainda que sintam
a uma plenitude (gôra mas presença)
contêm nadas, contêm apenas vazios:
o que a esponja, vazia quando plena;
incham do que a esponja, de ar vazio,
e dela copiam certamente a estrutura:
tôda em grutas ou em gotas de vazio,
postas em cachos de bolha, de não-uva.
Êsse cheio vazio sente ao que uma saca
mas cheia de esponjas cheias de vazio;
os vazios do homem ou vazio inchado:
ou o vazio que inchou por estar vazio.

Los vacíos del hombre

Los vacíos del hombre no sientan la nada
de ningún vacío: del abrigo vacío,
del costal vacío (que no quedan en pie
cuando están vacíos, o el hombre con vacíos);
los vacíos del hombre dan sensación de hartazgo
de algo que se hinchase una vez hinchado;
o lo que debe suscitar, cuando está lleno
un costal: sin embargo, no cualquier costal.
Los vacíos del hombre, ese vacío lleno,
no se perciben como los de un costal de ladrillos,
un costal de tachuelas; ni tienen el pulso
que late en uno de semilla o de huevos.

2.
Los vacíos del hombre, aunque se perciban
como una plenitud (frustrada mas presencia)
contienen nadas, contienen sólo vacíos:
el que tiene la esponja, vacía aunque plena;
se hinchan de lo mismo que la esponja, de aire vacío,
y de ella copian ciertamente la estructura:
toda en grutas o en gotas de vacío,
puestas en racimos de burbujas, de no-uva.
Ese lleno vacío se siente como un costal
lleno de esponjas llenas de vacío;
los vacíos del hombre o el vacío hinchado:
o el vacío que se hinchó por estar vacío.

O urubu mobilizado

Durante as sêcas do Sertão, o urubu,
de urubu livre, passa a funcionário.
O urubu não retira, pois prevendo cedo
que lhe mobilizarão a técnica e o tacto,
cala os serviços prestados e diplomas,
que o enquadrariam num melhor salário,
e vai acolitar os empreiteiros da sêca,
veterano, mas ainda com zelos de novato:
aviando com eutanásia o morto incerto,
êle, que no civil quer o morto claro.

2.
Embora mobilizado, nêsse urubu em ação
reponta logo o perfeito profissional.
No ar compenetrado, curvo e conselheiro,
no todo de guarda-chuva, na unção clerical,
com que age, embora em pôsto subalterno:
êle, um convicto profissional liberal.

El zopilote movilizado

Durante las sequías del Sertón, el zopilote
de zopilote libre pasa a funcionario.
El zopilote no se retira, pues sabe anticipadamente
que emplearán su técnica y su tacto,
calla los servicios prestados y diplomas
que le permitirían un mejor salario,
y sirve como acólito a los contratistas de la sequía,
veterano, pero con entusiasmo de novato:
practicando la eutanasia en el muerto incierto,
él, que en lo civil quiere el muerto claro.

2.
Aunque movilizado, en ese zopilote en acción
aparece pronto el perfecto profesional.
En el aire compenetrado, curvo y consejero,
en el todo de paraguas, en la unción clerical
con la que actúa, ahora en puesto subalterno:
él, un convicto profesional liberal.

O sertanejo falando

A fala a nível do sertanejo engana:
as palavras dêle vem, como rebuçadas
(palavras confeito, pílula), na glace
de uma entonação lisa, de adocicada.
Enquanto que sob ela, dura e endurece
o caroço de pedra, a amêndoa pétrea,
dessa árvore pedrenta (o sertanejo)
incapaz de não se expressar em pedra.

2.
Daí porque o sertanejo fala pouco:
as palavras de pedra ulceram a bôca
e no idioma pedra se fala doloroso;
o natural dêsse idioma fala à fôrça.
Daí também porque êle fala devagar:
tem de pegar as palavras com cuidado,
confeitá-las na língua, rebuçá-las;
pois toma tempo todo êsse trabalho.

El sureño hablando

Un habla como la del sureño engaña:
sus palabras vienen, como azucaradas
(palabras confite, píldora), en el glaseado
de una entonación plana, endulzada.
Mientras que bajo ella, dura y endurece
el hueso de la piedra, la almendra pétrea,
de ese árbol pétreo (el sureño)
incapaz de no expresarse sino en piedra.

2.
De ahí que el sureño hable poco:
las palabras de piedra ulceran su boca
y es doloroso hablar el idioma de la piedra;
el nativo de ese idioma habla a la fuerza.
De ahí también que hable despacio:
tiene que tomar con cuidado las palabras,
endulzarlas con la lengua, azucararlas;
pues toma tiempo todo ese trabajo.

Duas das festas da morte

Recepções de cerimônia que dá a morte:
o morto, vestido para um ato inaugural;
e ambìguamente: com a roupa do orador
e a da estátua que se vai inaugurar.
No caixão, meio caixão meio pedestal,
o morto mais se inaugura do que morre;
e duplamente: ora sua própria estátua
ora seu próprio vivo, em dia de posse.

Piqueniques infantis que dá a morte:
os enterros de criança no Nordeste:
reservados a menores de treze anos,
impróprios a adultos (nem o seguem).
Festa meio excursão meio piquenique,
ao ar livre, boa para dia sem classe;
nela, as crianças brincam de boneca,
e aliás, com uma boneca de verdade.

Dos de las fiestas de la muerte

Recepciones ceremoniales de la muerte:
el muerto, vestido para un acto inaugural;
y ambiguamente: con la ropa del orador
y de la estatua que se va a inaugurar.
En el ataúd, medio ataúd medio pedestal,
el muerto más se inaugura de lo que muere;
y doblemente: a veces su propia estatua
a veces él mismo vivo, en día de toma de posesión.

Picnics infantiles que da la muerte:
los entierros de niños en el Nordeste:
reservados a menores de trece años,
impropios para los adultos (ni lo siguen).
Fiesta mitad excursión mitad picnic,
al aire libre, buena para día sin clases;
en ella, los niños juegan a las muñecas,
y además, con una muñeca de verdad.

MARCOS KONDER REIS

Mapa

Ao norte, a tôrre clara, a praça, o eterno encontro,
A confidência muda com teu rosto por jamais.

A leste, o mar, o verde, a onda, a espuma,
Êsse fantasma longe, barco e bruma,
O cais para a partida mais definitiva
A uma distância percorrida em sonho:
Perfume da lonjura, a cidade santa.

O oeste, a casa grande, o corredor, a cama:
Êsse carinho intenso de silêncio e banho.
A terra a oeste, essa ternura de pianos e janelas abertas
À rua em que passavas, o abano das sacadas: o morro e o cemitério e
  as glicínias.
Ao sul, o amor, tôda a esperança, o circo, o papagaio, a nuvem: êsse
  varal de vento,
No sul iluminado o pensamento no sonho em que te sonho
Ao sul, a praia, o alento, essa atalaia ao teu país

Mapa azul da infância:
O jardim de rosas e mistério: o espelho.
O nunca além do muro, além do sonho o nunca
E as avenidas que percorro aclamado e feliz.

Antes o sol no seu mais nôvo raio,
O acordar cotidiano para o ensaio do céu,
Prêto e branco e girando: andorinha e terral.
Depois a noite de cristal e fria,
A noite das estrêlas e das súbitas sanfonas afastadas,
Tontura de esperanças: essa mistura de beijos e de danças pela estrada
Numa eterna chegada ao condado do Amor.

Mapa

Al norte, la torre clara, la plaza, el eterno encuentro,
La confidencia muda con tu rostro hasta siempre.
Al este, el mar, el verde, la ola, la espuma,
Ese fantasma lejano, barco y bruma,
Los muelles para la partida definitiva
A una distancia recorrida en sueños:
Perfume de lejanía, ciudad santa.

Al oeste, la casa grande, el pasillo, la cama:
Ese cariño intenso del baño y el silencio.
La tierra al oeste, esa ternura de pianos y ventanas abiertas
A la calle que cruzabas, el abanico de balcones: la montaña, el
    cementerio, las glicinas.
Al sur, el amor, toda la esperanza, el circo, la cometa, las nubes: ese
    tendal del viento.
En el sur iluminado el pensamiento en el sueño en que te sueño.
En el sur, la playa, el aliento, ese atalaya hacia tu país

Mapa azul de la infancia:
El jardín de rosas y misterio: el espejo.
El nunca más allá del muro, el nunca más allá del sueño
Y las avenidas que recorro aclamado y feliz.

Antes el sol en su rayo más nuevo,
El despertar cotidiano para el ensayo del cielo,
Blanco y negro y girando: golondrina y terral.
Después la noche de cristal y fría,
La noche de las estrellas y de los súbitos acordeones lejanos,
Vértigo de esperanzas: esa mezcla de besos y de danzas por la calle
En una eterna llegada al condado del Amor.

Parâmetro

Uma tarde amarela noroeste
modo nosso de amar lembrando a estrada,
que passa sempre a leste
de uma tarde espantada,

de uma tarde amarela soterrada
numa caixa de pêssegos, madura,
uma janela madura de bandeiras abertas
para o mar, e frias;

encarcerada pelo verdoenga de pêssegos
e açúcar cristalizado sôbre a polpa
dos verdes apanhados na chácara. Setembro.
Ah, setembro, setembro

essa menina e teus jardins sôbre a cabeça
castanha e cacheada, numa tarde amarela
de vapores entrando a barra, de sinos
batendo, que reconheço de outra época,

do espanto de outras tôrres, de outra tarde espantada,
que amarravas no inverno embora outubro:
êsse rapaz que atravessa o corporal de pêssegos
de uma tarde amarela,
como se fincasse a cisma de uma lança
no rosto da palavra genial
e seu ramo de rosas, sua neblina.

Parámetro

Una tarde amarilla noroeste
modo nuestro de amar recordando el camino,
que pasa siempre al este
de una tarde asombrada,

de una tarde amarilla soterrada
en una caja de duraznos, madura,
una ventana madura de banderas abiertas
hacia el mar, y frías;

encarcelada por lo verdoso de los duraznos
y el azúcar cristalizado sobre la pulpa
de los verdes cosechados en la granja. Septiembre.
Ah, septiembre, septiembre

esa muchacha y tus jardines sobre la cabeza
castaña y rizada, en una tarde amarilla
de barcos entrando en la barra, de campanas
tañendo, que reconozco de otra época,

del asombro de otras torres, de otra tarde asombrada,
que atabas en el invierno aunque fuera de octubre:
ese muchacho que atraviesa el bosque de duraznos
de una tarde amarilla,
como si clavase la fantasía de una lanza
en el rostro de la palabra genial
y su ramo de rosas, su neblina.

FERREIRA GULLAR

O trabalho das nuvens

Esta varanda fica
à margem
da tarde. Onde nuvens trabalham.
A cadeira não é tão sêca
e lúcida, como
o coração.

Só à margem da tarde
é que se conhece
a tarde: que são as
fôlhas de verde e vento, e
o cacarejar da galinha e as
casas sob um céu: isso, diante
de olhos.

E os frutos?
e também os
frutos. Cujo crescer altera
a verdade e a côr
dos céus. Sim, os frutos
que não comeremos, também
fazem a tarde.
                    (a vossa
tarde, de que estou à margem)

Há, porém, a tarde
do fruto. Essa
não roubaremos:
                    tarde
em que êle se propõe à gloria de
não mais ser fruto, sendo-o
mais: de esplender, não como astro, mas

El trabajo de las nubes

Este balcón está
a la orilla
de la tarde. Donde trabajan las nubes.
La silla no es tan seca
y lúcida como
el corazón.

Sólo a la orilla de la tarde
puede conocerse
la tarde: que son las
hojas de verde y viento, y
el cacareo de las gallinas y las
casas bajo el cielo: eso, ante
los ojos.

¿Y los frutos?
Y también los
frutos. Cuyo crecer altera
la verdad y el color
de los cielos. Sí, los frutos
que no comeremos, también
hacen la tarde.
                    (tu tarde
de la que estoy a la orilla)

Existe, sin embargo, la tarde
del fruto. Ésa
no la robaremos:
                    tarde
en que él se propone la gloria de
no ser más que fruto, siéndolo
más: de esplendor, no como astro, sino

como fruto que esplende.
E a tarde futura onde êle
arderá como um facho
efêmero!
Em verdade, é desconcertante para
os homens o
trabalho das nuvens.
Elas não trabalham
acima das cidades: quando
há nuvens não há
cidades: as nuvens ignoram
se deslizam por sôbre
nossa cabeça: nós é que sabemos que
deslizamos sob elas: as
nuvens cintilam, mas não é para
o coração dos homens.

A tarde é
as fôlhas esperarem amarelecer
e nós o observarmos.
E o mais é o pássaro branco que
voa — e que só porque voa e o vemos,
voa para vermos. O pássaro que é
branco,
não porque êle o queira nem
porque o neccessitemos: o pás-
saro que é branco
porque é branco.

Que te resta, pois, senão
aceitar?
        Por ti e pelo
pássaro pássaro.

como fruto que brilla.
¡Y la tarde futura donde él
arderá como una antorcha
efímera!
En verdad, es desconcertante para
los hombres el
trabajo de las nubes.
Ellas no trabajan
sobre las ciudades: cuando
hay nubes no hay
ciudades: las nubes lo ignoran
se deslizan sobre
nuestras cabezas: somos nosotros los que sabemos que
nos deslizamos bajo ellas: las
nubes centellean, pero no es una ofrenda
al corazón de los hombres.

La tarde es
que las hojas esperen amarillear
mientras nosotros lo observamos.
Y lo demás es el pájaro blanco que
vuela — y que sólo porque vuela y lo vemos,
vuela para que lo veamos. El pájaro que es
blanco,
no porque él lo quiera ni
porque lo necesitemos: el pá-
jaro que es blanco
porque es blanco.

¿Qué te queda, pues, sino
aceptar?
        Por ti y por el
pájaro pájaro.

Nota editorial

Las traducciones de la edición norteamericana corrieron a cargo de Elizabeth Bishop, Jean R. Longland, Richard Wilbur, June Jordan, Richard Eberhart, James Merrill, Ashley Brown, Paul Blackburn, Mark Strand, Jean Valentine, James Wright, Jane Cooper, Louis Simpson y Galway Kinnell. En esta edición las traducciones han sido realizadas a partir del original en portugués.

He aquí los títulos que dieron a los poemas y sus correspondientes traductores. My Last Poem – Elizabeth Bishop (EB). Anthology – Jean R. Longland (JL). Rondeau of the little horses – Richard Wilbur (RW). Brazilian Tragedy – EB. National Library – JL. Advertisement – JL. Funeral Procession – JL. Epitaph – JL. The Enormous Hand – June Jordan (JJ). Improvisation of the dead boy – Richard Eberhart (RE). The song of the wild dove – JL. Nightfall – Barbara Howes (BH). Cemetery of Chilhood – EB. Elegy for Maria Alves – EB. Second rose motif – James Merrill (JM). Vigil – JM. Ballad of the ten casino dancers – JM. The dead horses – JM. Pyrargyrite Metal, 9 – JM. Map – W.S. Merwin (WM). Horses – WM. Travelling in the family -- EB. Seven-sided poem – EB. Don't kill yourself – EB. The Table – EB. Infancy – EB. Family Portrait – EB. Song – RW. Sonnet on fidelity – Ashley Brown (AB). The pear – AB. Christmas poem – AB. Sonnet of intimacy – EB. Woman Recipe – Paul Blackburn (PB). Sonnet on separation – AB. The cock – Mark Strand (MS). Daily Space – WM. Windows – Jean Valentine (JV). Poem – WM. The end of the world – James Wright (JW). Cementery in Pernambuco (Our Lady of Light) – Jane Cooper (JC). Cementery in Pernambuco (St. Lawrence of the Woods) – JC. From "The Death And Life Of A Severino" – EB. Imatition of water – AB. The Clouds – AB. The sea and the canefield – Louis Simpson (LS). Education by Stone – JW. Weaving the morning – Galway Kinnell (GK). The Canefield and the sea – LS. A Knife all Blade – GK. The Emptiness of man – GK. The Drafted vulture – WM. The man form up-country talking – WM. Two of the festivals of death – WM. Map – MS. Parameter – MS. Clouds' Work – PB.

Bibliografía

MANUEL CARNEIRO DE SOUZA BANDEIRA FILHO
Cinza das Horas (1917); *Carnaval* (1919); *O Ritmo Dissoluto* (1924); *Libertinagem* (1930); *A Estrêla da Manhã* (1936); *Lira dos Cinqüent'anos* (1944); *Belo Belo* (1948); *Mafuá do Malungo* (1948); *Opus 10* (1952); *Estrêla da Tarde* (1958); *Estrêla da Vida Inteira* (selección de poemas, 1966).

JOSÉ OSWALD DE SOUZA ANDRADE
Pau Brasil (1925); *Primeiro Caderno do Aluno de Poesia Oswald de Andrade* (1927); *Poesias Reunidas* (selección poética con *Cântico dos Cânticos Para Flauta e Violão* y *Poemas Menores*, 1945); *Poesias Reunidas de Oswald de Andrade* (*Poesias Reunidas* y *O Escaravelho de Ouro*, 1966). Inédito: *O Santeiro do Manque*.

JORGE MATEUS DE LIMA
XIV Alexandrinos (1914); *Poemas* (1927); *Essa Negra Fulô* (1928); *Novos Poemas* (1929); *Poemas Escolhidos* (1932); *Tempo e Eternidade* (con Murilo Mendes, 1935); *Quatro Poemas Negros* (1937); *A Túnica Inconsútil* (1938); *Poemas Negros* (1947); *Livro de Sonêtos* (1949); *Vinte Sonêtos* (antología con ilustraciones de Jorge de Lima, 1949); *Obra Poética* (1950); *Invenção de Orfeu* (1952); *As Ilhas* (1952); *Castro Alves-Vidinhã* (1952); *Poema do Cristão* (1953); *Antologia de Sonêtos* (1953); *Obra Completa* (1958).

MARIO RAUL DE MORAIS ANDRADE
Há Uma Gôta de Sangue em Cada Poema (1917); *Paulicéia Desvairada* (1922); *O Losango Cáqui* (1926); *Clã do Jaboti* (1927); *Remate de Males* (1930); *Lira Paulistana*, seguida de *O Carro da Miséria* (1946); *Poesias* (poemas completos, con *A Costela do Grão-Cão* y *Livro Azul*, 1947); *Poesias Completas* (poemas completos y *O Café*, 1955).

CASSIANO RICARDO
Dentro da Noite (1915); *A Flauta de Pã* (1917); *Vamos Caçar Papagaios* (1926);
Martim Cerêrê (1928); *Deixa Estar, Jacaré* (1931); *O Sangue das Horas* (1943);
Um Dia Depois do Outro (1947); *A Face Perdida* (1950); *Poemas Murais* (1950);
25 Sonêtos (1952); *João Torto e a Fábula* (1956); *O Arranhã-céu de Vidro* (1956);
Poesias Completas (1957); *Montanha Russa* (1960); *A Difícil Manhã* (1960);
Jeremias Sem-Chorar (1964); *Poemas Escolhidos* (1965).

JOAQUIM CARDOZO
Poemas (1947); *Pequena Antologia Pernambucana* (1948); *Prelúdio e Elegia de Uma
Despedida* (1952); *Signo Estrelado* (1960); *O Coronel de Macambira* (1963).

CECÍLIA MEIRELES
Espectros (1919); *Nunca Mais e Poema dos Poemas* (1923); *Viagem* (1939); *Vaga
Música* (1942); *Retrato Natural* (1949); *Romanceiro da Inconfidência* (1953); *A
Rosa* (1957); *Obra Poética* (1958); *Metal Rosicler* (1960); *Antologia Poética* (1963);
Solombra (1963); *Ou Isto ou Aquilo* (1964); *Crônica Trovada da Cidade de Sam
Sebastian* (1965).

MURILO MENDES
Poemas (1930); *História do Brasil* (1932); *Tempo e Eternidade* (con Jorge de Lima,
1935); *A Poesia em Pânico* (1938); *O Visionário* (1941); *As Metamorfoses* (1944);
Mundo Enigma (1945); *Parábola* (1959); *Poesias* (selección de poemas, 1959);
Tempo Espanhol (1959); *Antologia Poética* (1965).

CARLOS DRUMMOND DE ANDRADE
Alguma Poesia (1930); *Brejo das Almas* (1934); *Sentimento do Mundo* (1940);
Poesias (poemas completos y *José*, 1942); *A Rosa do Povo* (1945); *Poesias até Agora*
(poemas completos, con *Novas Poesias*, 1948); *A Mesa* (1951); *Claro Enigma*
(1951); *Viola de Bôlso* (1952); *Fazendeiro do Ar e Poesia até Agora* (1953); *50 Poemas
Escolhidos pelo Autor* (1956); *Ciclo* (1957); *Poemas* (poemas completos, 1959); *Lição
de Coisas* (1962); *Antologia Poética* (1962); *Obra Completa* (1964); *José & Outros*
(selección de poemas, 1967); *Boi Tempo* (1968).

Vinícius de Moraes

O Caminho para a Distância (1933); *Ariana, a Mulher* (1936); *Novos Poemas* (1938); *Pátria Minha* (1949); *Livro de Sonêtos* (1957); *Antologia Poética* (1960).

Mauro Ramos da Mota e Albuquerque

Elegias (1952); *A Tecelã* (1956); *Os Epitáfios* (1959); *O Galo e o Cata-Vento* (1962); *Canto ao Meio* (1964).

João Cabral de Melo Neto

Pedra do Sono (1942); *Psicologia da Composição* (1947); *Cão sem Plumas* (1950); *Duas Águas* (1960); *Quaderna* (1960); *Educação Pela Pedra* (1966).

Marcos Konder Reis

David (1946); *Menino de Luto* (1947); *Praia Brava* (1950); *Campo de Flexas* (1967); *O Pombo Apunhalado* (1968); *Teoria do Vôo* (1969).

Ferreira Gullar

Um Pouco Acima do Chão (1949); *A Luta Corporal* (1954); *Cabra Marcado para morrer* (1962); *Quem Matou Aparecida* (1962); *Por Você, Por Mim* (1967).

Índice